新形势下工会干部能力与素质提升系列

工会主席工作制胜的40种能力

GONGHUIZHUXI GONGZUO ZHISHENG DE 40ZHONG NENGLI

闫晓燕◎主编

中国工人出版社

图书在版编目（CIP）数据

工会主席工作制胜的40种能力 / 闫晓燕主编. —北京：中国工人出版社，2016.6
（新形势下工会干部能力与素质提升系列）
ISBN 978-7-5008-6434-9

Ⅰ.①工… Ⅱ.①闫… Ⅲ.①工会工作－中国－干部教育－学习参考资料 Ⅳ.①D412.6

中国版本图书馆CIP数据核字（2016）第121646号

工会主席工作制胜的40种能力

出 版 人 芮宗金
责任编辑 吕 静 王 璇
责任校对 孙迺伟
责任印制 栾征宇
出版发行 中国工人出版社
地　　址 北京市东城区鼓楼外大街45号 邮编：100120
网　　址 http://www.wp-china.com
电　　话 （010）62350006（总编室） （010）62005039（出版物流部）
（010）82075935（工会与劳动关系分社）
发行热线 （010）62004002 （010）82081553（传真）
经　　销 各地书店
印　　制 北京市密东印刷有限公司
开　　本 710毫米×1000毫米 1/16
印　　张 15.75
字　　数 230千字
版　　次 2016年7月第1版 2016年7月第1次印刷
定　　价 40.00元

全面深化改革新形势下
工会主席工作制胜的能力

习近平总书记在中央党校讲话时提出，全党同志特别是各级领导干部，都要有本领不够的危机感，都要努力增强本领，都要一刻不停地增强本领。只有全党本领不断增强了，“两个一百年”的奋斗目标才能实现，中华民族伟大复兴的“中国梦”才能梦想成真。

本领即才干，也就是指人们通常所说的做事的能力。工会主席工作制胜的能力是指工会主席作为工会领导者带领、组织、协调下属工会组织或成员，在一定条件下，实现一定工会工作目标行为过程中所表现出来的才能。工会主席的能力是工会主席自身素质的外在表现，是其政治、文化、心理、生理等诸多素质的综合反映和主要标志。它是在工会主席个性心理特征基础上，经过工会领导活动实践的磨炼，以及其知识经验的积累与运用，在社会环境和工会工作环境影响作用下形成和发展起来的重要能力，是工会主席胜任工会工作和履行职责的主观条件。工会主席的能力，因其所处的职位层次不同、工作范围与性质特点不同以及被领导对象的不同，要求也不尽相同。

工会主席的能力具有实践性、综合性、差异性、层次性、稳定性和发展性等特点。工会主席的能力是在工会领导工作实践中形成和不断提高的，因此它必须通过工会主席的领导活动转化为工会工作的实际效果，并以此来受到检验和考核。工会主席的能力又是多方面的，它涉及通用能力、领导能力和做好工会工作的能力等方方面面的能力，是一种内容丰富、综合性的能力群。工会主席工作制胜的能力在不同工会主席身上的表现存在差异，也就是说水平有高有低，这是由工会主席各自不同的素质和工作环境等客观条件所决定的，因而表现出差异性。工会主席工作制胜的能力，又是一个由不同层次的能力有机构成的稳定结构，基础性能力、实用性能力都不可缺少，尤其是现实需要而工会主席自身又缺乏或不强的能力，更应注意重点培养。工会主席的能力具有相对稳定性，即工会主席的基本素质、性格气质、能力专长及生理状况一般在短时期内不会出现太大的变化，无论是先天的禀赋，还是后天养成的能力，都不会轻易丧失，也不会变化无常，它相对稳定地对工会主席的领导行为发挥着作用，影响其心理和行为。工会工作是不断向前发展的，对工会主席能力的要求也越来越高，因此，工会主席的能力就应与时俱进，不断丰富、完善和提高。

将工会主席工作制胜的能力分为三部分，即通用能力、领导能力和工作能力。通用能力是工会主席作为一个正常人所应具备的基本能力，也是作为领导者的一般能力，如学习能力、创新能力、判断能力、倾听能力、说服能力、分析解决问题能力、人际沟通能力等。领导能力是指工会主席从事工会领导管理工作所应具备的能力，包括领导能力、战略思维能力、管理能力、预测能力、决策能力、调查研究能力等。工作能力是指工会主席从事工会工作所必须熟悉和掌握的能力，包括参与能力、维权能力、建设能力、宣传教育能力、劳动关系协调能力、媒体沟通能力等。上述三种类型的能力既有区别，又是一个相互关联、相互依赖、相互促进的统一体，共同影响着工会主席能力的发挥和领导工作的实际效果。对工会主席能力类型的划分，有助于抓住重点，有针对性地对工会主席的能力进行修炼和培养。

工会主席工作制胜的能力具有重要作用。工会领导职责的履行、领导任务的完成、领导效能的提高、工作业绩的出色完成等都需要工会主席有较强的能力。工会主席工作制胜的能力在实际工作中的创造性运用，能够带动工会干部和广大职工奋勇前进，出色完成工会领导活动确定的目标任务。工作能力强的工会主席，能够认识自己的优势和劣势，自觉进行积极的自我设计，扬长避短，工作都较出色，其价值体系和价值观念在工作中得到了体现和实现，其基本需要和基本动机也在工作中得到满足。总之一句话，能力素质是工会主席最主要、最具体的内在条件，它直接、具体地关系到工会主席领导工作的成功或失败、卓越或平庸，当然也具体关系到工会组织特别是工会组织成员以及广大职工群众的切身利益和前途命运。工会主席没有较强的领导能力，就不能胜任岗位职责，当然也就做不好工会领导工作。

能力不是先天就有的，而是后天在一定社会历史条件下形成和发展的。工会主席的先天素质是能力形成的必要条件，但不是能力形成的充分条件。能力总是同一定社会历史条件和社会发展阶段水平相联系并受其制约的。现代工会主席能力的发展，是学习、接受和掌握现代工人运动和工会运动乃至人类社会历史发展成就的结果，是在新的实践活动中吸收职工群众智慧、经验而形成和发展起来的。因此，培养和提高工会主席的能力，从主观方面看，无非有两条途径，即一靠学习，二靠实践。

学习的内容首先是马克思主义理论，用马克思主义理论武装头脑，尤其是工运理论，这是培养和提高工会主席能力的根本指导思想和理论依据。其次是党和国家的方针政策、法律法规和形势任务，这是培养和提高工会主席能力的现实依据。再次是现代科技管理和文化知识，这是培养和提高工会主席能力的知识基础。最后是古今中外一切成功的领导经验，特别是近现代工会工作成功的领导经验，这是培养提高工会主席能力的历史经验。

学习的途径有两条，一是自学，二是培训。工会主席要培养和提高自身的能力，最主要的还是要靠加强学习。因为只有工会主席自己才能从领导工作中感受到学习的重要性、必要性、迫切性，把工作压力变成学习的动力；同时也只有工会主席自己才知道自身能力的薄弱和知识的欠缺之处，从而有针对性、有目的地选择学习，在有限的时间内收到自我学习、自我提高的实效。学习贵在坚持，只要持之以恒，就会不断有所收获。培训是指由组织人事部门和领导培训部门依法依规、按计划、有目的地组织工会主席去接受专门系统的领导培训，以更加系统地、有重点地、有针对性地解决能力问题为主，旨在增强工会主席创造更优业绩和追求卓越的能力。这种培训学习具有系统性、科学性的优点，有关部门应积极地、有计划地组织，工会主席也应积极参加。

实践也是一种学习，即在干中学。工会主席能力的培养和提高，仅靠书本是不行的，必须要在工会领导实践活动中进行反复修炼。客观形势瞬息万变，工会工作艰巨复杂，如何沉着应对，是对工会主席能力的一种极为现实的考验。工会主席只有“勤政”，即多做工作，才能在领导工作实践中，把握住锻炼提高的机会，增长自身的才干。

实践的途径有两条，一是亲身实践，二是吸收他人的间接实践经验。工会主席工作制胜的能力是在工会领导工作和工会实际工作中形成的，因此，工会主席要勇于投身到工会工作乃至改革发展的实践中去。在实践中，凡是看准了的事，要大胆地试、大胆地闯，要有创新精神，在风浪中锤炼，在竞争中考验。工会主席只有时刻不离开实践，成就事业的本领才能磨炼出来，领导工作才会有起色。那种高高在上、脱离实际、脱离群众的人是绝对不会成为合格的工会主席的。工会主席在亲身实践中还要善于总结实践经验，只有善于将实践经验升华为理性认识，才能更好地指导实践。这一升华过程本身也是培养和提高工会主席自身能力的过程。人的生命有限、时间有限，工会主席仅靠自己亲身实践来培养和提高能力是不够的。作为一名工会领导者，要敢于博采众长，取他人之长、补己之短，不断提高自己。要向先进学习、向同行学习、向职工群众学习，吸取他们的新经验、新方法、新手段来不断丰富自己，努力提高自身的能力。提高工会主席的能力具有重大现实意义。

当前，我国正进入全面建成小康社会的新的历史发展阶段。国际风云变幻，国内改革全面深化。社会主义市场经济的不断发展使我国社会经济关系、劳动关系日趋复杂化，新情况、新问题不断出现，党对工会的要求和职工群众对工会的期望都在不断提高。这些都使工会工作面临严峻挑战，同时也带来前所未有的发展机遇，要求工会领导者要适应复杂多变的形势任务，不断提高领导工作水平，增强驾驭全局等各项领导能力，在不断开拓创新中，把工会工作推向高潮。工会主席是工会组织的带头人，是工会领导过程中的关键因素，是指导者、指挥者和组织者，是领导行为的主体。工会主席能力的强弱、领导水平的高低，直接影响着工会工作的效率和业绩，影响着工会各项职能的发挥。因此，无论是从新形势新任务的要求、党和职工群众对工会的期望，以及工会组织和工会工作自身的发展来看，都要求把培养和提高工会主席的能力放在十分突出的位置。做好这项工作，对提高工会领导水平和工会组织整体素质，提高工会工作水平，肩负起所承担的历史使命，在全面建成小康社会的历史进程中发挥更大的作用，无疑是具有十分重大的现实意义的。

编　者

2016 年 4 月

目录
Contents

工作能力篇

通用能力篇

TONGYONG NENGLIPIAN

第1种 学习能力

一、最持久的竞争优势就是学习

习近平同志指出，领导干部学习不学习不仅仅是自己的事情，本领大小也不仅仅是自己的事情，而是关乎党和国家事业发展的大事情。我们一定要强化活到老、学到老的思想，主动来一场“学习的革命”，切实把外在的要求转化为内在的自觉，让学习成为自己的一种兴趣、一种习惯、一种精神需要、一种生活方式。这也就是古人所说的“学者非必为仕，而仕者必为学”。要有竞争力、应变力，首先要有学习力。“新一代的管理大师”彼得·圣吉博士说：“未来唯一持久的优势，是有能力比你的竞争对手学习得更快。”

学习是信息时代对工会主席知识更新提出的新要求。知识就是力量，知识就是财富。当前，我们已经进入学习社会，学习将成为一种生活方式，学校仅是学习的场所之一，人的一生将无法区分成“教育阶段”和“工作阶段”，而是强调终身教育，工作学习化，学习工作化，学习、工作一体化。知识经济和信息时代，知识老化加速，信息交流提速，新事物层出不穷，社会急剧变化，人都不可能一劳永逸地拥有足够的知识，因此需要终身学习。只有终身学习，才能在这迅变的时代中生存、发展、成功。

学习是提高工会工作水平、发挥工会各项职能作用的紧迫任务。在全面深化改革的新形势下，经济社会发展呈现出一系列阶段性特征，推动科学发展，促进劳动关系和谐的任务繁重而艰巨。前进道路上新情况、新问题、新矛盾不断涌现，我们不熟悉、不了解、不懂得的东西还很多。这就要求工会主席和各级工会干部必须在新的实践中重新学习、继续学习，切实掌握和运用好党和工会的理论创新成果，不断深化对中国特色社会主义规律的认识，不断完善适合我国国情的发展道路和发展模式，使中国特色社会主义工会发展道路越走越宽广。

学习是提高工会主席自身能力、解决工会主席本领恐慌的根本途径。当前一个很严重的问题是，一些工会主席的能力和素质已经不能适应中国特色社会主义工会发展的需要，与工会工作的要求和职工群众的期望有了差距，出现了“本领恐慌”。如果不抓紧增强本领，久而久之，就难以胜任当前工会工作的繁重任务。“非学无以广才，非学无以明志。”工会主席自觉读书、带头读书，是新形势下提高工作能力、胜任领导工作的必然要求，要认识到学习水平在很大程度上决定着工作水平和领导水平，真正把读书学习当成一种生活态度、一种工作责任、一种精神追求。

学习是工会主席提高自身道德修养的必需。曾国藩说过，一个喜欢读书的人，品格不会坏到哪儿去。读书决定一个人的修养和境界。人类因读书而壮大与文明，个人因读书而成长与发展。在新的时代条件下，工会主席要不断提高自己、完善自己，始终把读书学习与加强政德修养紧密联系起来，坚持在读书学习中吸取精神食粮、锤炼道德操守、提升精神境界，坚持在读书学习中把握人生道理、领悟人生真谛，形成崇高的思想品德、高尚的道德情操和特有的人格魅力，切实经受住各种考验。

二、检验自己的学习能力

工会主席学习能力的含义是指工会主席顺利完成学习活动所必需的个性心理特征。它是工会主席学习过程中各种具体能力的综合反映，如观察能力、记忆能力、思维能力、实验能力等。工会主席学习能力的大小、强弱直接影响着其学习的效率，也决定着其学习目标的完成，同时影响着他的各种潜能的发挥。它与学习是两个不同的概念。从心理学角度分析，学习能力属个性心理特征，而学习属于心理过程，这是它们的区别。它们又是相互联系、相互影响、相互作用、不可分割地存在于学习过程之中。

工会主席判断自己是否具有较强的学习能力的衡量方法，一是胸襟开阔，肯否定自己，肯向别人学习，还要肯虚心学习，才够得上学习能力强；二是会学习，能抓住主要矛盾，厘清头绪，善于总结归纳，能干会说；三是高理想、重精神，内省、开放，具备实现调整变革的能力，即学习能力强。

只有学习能力强的工会主席才能成功。一方面要明确学什么。学习的目的不仅仅是获得知识和技能，而是要学会怎样学习和怎样思考。另一方面要树立终身学习的观念。信息时代瞬息万变，知识老化加速，学习将是贯穿人们一生的行为，而不再局限于人生某个特定的阶段，否则就会被飞速发展的时代所抛弃。

工会主席在更新学习观念的同时，应加强以下方面的学习：

（一）理论学习

思想是行动的先导，只有用先进的理念武装头脑，才能保持旺盛的斗志和正确的方向。工会主席要进行理论学习，最根本的是学习马克思列宁主义、毛泽东思想、邓小平理论、“三个代表”重要思想、科学发展观和习近平同志系列重要讲话精神。只有领会了贯穿其中的马克思主义立场、观点、方法，才能心明眼亮，不断提高工会工作的系统性、预见性和创造性，才能不断提高政治敏锐性和政治识别力。

（二）业务学习

随着社会分工的不断深化，对领导的专业性要求越来越高，工会主席应努力学习有关提高领导干部业务水平的知识。一是对中国特色社会主义市场经济、法律知识的学习，二是对组织管理的基本原理、方法和各项专业管理的基本知识的学习，三是对心理学、人才学、行为科学等知识的学习，四是对工会、工运和劳动关系学科相关知识的学习。通过广泛的知识积累，不断开阔视野，增强技能，进而提高工会主席的业务能力。

（三）领导艺术学习

领导艺术是指在领导的方式方法上表现出的创造性和有效性。一方面是创造，是真善美在领导活动中的自由创造性。“真”就是把握规律，在规律中创造升华，升华到艺术境界；“善”就是要符合政治理念；“美”是指领导使人愉悦、舒畅。另一方面是有效性，领导实践活动是检验领导艺术的唯一标准。主要包括决策的艺术、创新的艺术、应变的艺术、指挥的艺术、抓总的艺术、统筹的艺术、协调的艺术、授权的艺术、用人的艺术、激励的艺术等。

三、提升工会主席的学习力

学习力是学习的总量、质量、流量和增量的综合效应。学习的总量反映学习面上的宽广程度和个人的开放程度；学习的质量表现出学习者的综合能力素质以及学习的效率和品质；学习的流量表述学习的速度和载体的流通效率；学习的增量表达学习成果的创新程度和对未来的价值。学习的本质在于提升学习力，学习力就是未来持久的竞争力。

提升学习能力，基本前提是激发学习的根本动力。没有动力，就没有学习热情。这个问题不解决，其他一切都无从谈起。工会主席应充分认清提高学习能力的现实意义和极端重要性，从思想深处焕发出学习动力和激情，以昂扬的精神状态投入到学习中去。

提升学习能力，重要环节是掌握读书的科学方法。一方面，通过“精读”和“泛读”相结合，把书“读进去”；另一方面，要善于从书本中“走出来”，把书中的理论知识运用到实践当中去，做到学有所悟，学有所成。

提升学习能力，长远之计是保持学习的持久力。如果在学习上不能保持恒久的毅力，就会被飞速发展的社会所淘汰。始终坚持用党和工会的最新理论成果武装头脑，紧密关注先进的科学技术和管理动向，注重现有知识的不断更新，才能适应时代发展的要求。

（一）树立学习理念

树立先进的学习理念，这是提升工会主席学习力的前提条件。一是树立学习就是提升生命价值的理念。二是树立学习就是责任的理念。三是树立学习就是提升综合素质的理念。四是树立学习就是生活乐趣的理念。五是树立学习就是工作、就是保持良好精神状态的理念。

（二）创新学习途径

勇于创新，积极开拓学习途径，这是提升工会主席学习力的本质目标。一是学习要与工作相结合，使工作学习化，学习工作化，不断学习。二是学习与实践相结合。工会主席要通过各种渠道，积极在实践中学，向职工群众学。

（三）掌握学习方法

一是计划好自己的时间，每天、每月都要排出一定的时间来进行学习。二是保持旺盛的精力，学习才能有效率。三是养成自主学习的习惯，把学习当作自己日常生活的一个组成部分。四是创造良好的学习环境，这是保证学习时集中精力、提高学习效率的因素。五是自我指导式学习。自己动手解决问题，这样学到的东西往往经久不忘。六是发挥潜意识的作用。我们得到的信息90%以上是通过潜意识吸收的，通过恰当的方式发挥潜意识的作用，将大大提高学习的效率。七是加强最弱的一环知识学习。八是交互协作学习。协作学习是为达到共同的学习目标并最大化个人和他人学习成果而一起经历各种变化、共同进取的一切相关行为。九是关注在虚拟学习空间的特别的学习行为，包括通过寻找信息的学习、通过扩大和加强交流的学习、通过分工协作的学习、通过文档的学习、通过探索的学习和通过再现的学习等。

（四）总结学习规律

一是树立学习的信心、坚强的意志和勤奋的精神。工会主席必须明确所从事的学习活动和价值所在，全身心投入学习活动之中。二是学习活动要循序渐进地进行，按照知识本身的逻辑体系，保持新旧知识间的有机体系。三是处理学习活动中的各种辩证关系。比如，广博与专精的关系，应博采众长，扎扎实实打基础，重点突出，精益求精。还有知与行的关系，把理论与实际相结合，以知导行，以行深知，相互促进。

（五）学会怎样读书

读书是学习的重要途径。面对浩如烟海的书籍，工会主席应该怎样学习，怎样阅读？一方面，读书要锲而不舍，持之以恒。读书是一个长期的需要付出辛劳的过程，不能心浮气躁、浅尝辄止，而应当先易后难、由浅入深、循序渐进、水滴石穿。另一方面，要会读书，即善于读书。工会主席工作繁忙，如何在有限的时间内读到好书，的确也是一门学问。一要量力而行，有所选择。二要精读细读，反复阅读。三要运用学到的知识。四要落到实处，解决现实问题。

第2种 创新能力

一、创新力就是竞争力

习近平总书记在重要讲话中指出，创新是一个民族进步的灵魂，是一个国家兴旺发达的不竭动力，也是中华民族最深沉的民族禀赋。在激烈的国际竞争中，惟创新者进，惟创新者强，惟创新者胜。我们必须把创新作为引领发展的第一动力，把人才作为支撑发展的第一资源，把创新摆在国家发展全局的核心位置，不断推进理论创新、制度创新、科技创新、文化创新等各方面创新，让创新贯穿党和国家一切工作，让创新在全社会蔚然成风。

创新是人类在社会实践中扬弃旧事物、旧思想、旧方法，把新设想、新技术、新成果成功付诸实施并获得更高效益的运作过程。换句话说，创新就是人们能动地进行创造并最终获得更高效益的一个综合过程。

创新意识是一种不安于现状的求精意识，是一种好奇心。创新意识不是天生就有的，而是创新能力培养的重要基石。它是创新者适应客观世界的发展变化，科学和准确地把握规律，以正确的方式构建新的思维、新的思想以形成对变化了的世界新的正确的认识。意识是行动的先导，而要创新，首要的问题是解放思想，实现意识创新。

创新能力是指一个人（或群体）在前人发现或发明的基础上，通过自身的努力，创造性地提出新的发现、新的发明和新的改进革新方案的能力。也可以说创新能力就是人们革旧布新和创造新事物的能力，包括发现问题、分析问题、发现矛盾、提出假设、论证假设、解决问题以及在解决问题过程中进一步发现新问题，从而不断推动事物发展变化等。通俗地讲，创新能力就是产生某个以前不存在的东西。这东西可以是一个产品，或是一个过程，或是一种思想。

创新是个知易行难的问题。一个称职的工会主席，应当是创新工会工作的设想者和组织者。勇于开拓创新是现代领导者的基本特征。尤其是在现代科学技术日新月异、信息瞬息万变的时代，工会工作的多变性和动态性更加显著。工会主席如果不善于提出新问题，开拓新领域，就无法跟上形势的变化，使自己的工作处于被动。

工会主席的创新能力主要体现在思维创新、制度创新、工作方式创新三方面。工会主席的创新能力结构就像是一个网络化系统，这个系统的功能一旦被激活，将释放出无比强大的能量，使他们的潜能得到极大的提升和发挥。创新是时代的要求，也是工会工作的需要。创新的基础和前提是创新能力，因此，提高工会主席的创新能力至关重要。

工会主席要提升创新能力，应具备以下要素：一是坚定的自信。自信是创新的力量，自信力的来源是现有的能力、潜在的能力、学习的能力。一个真正具备创新能力的工会主席，必须确立正确的创新意识，提高创新素质，并能在实践中创新机制，锤炼创新作风。二是强烈的创新愿望。创新愿望是成功的前提。一个不思创新的人是不可能获得成功的。三是深厚的理论基础和广博的知识。知识素质是工会主席取得事业成功的基础，主要包括三个方面：深厚的理论知识和功底、娴熟的管理专业知识、广博的科学文化知识。四是精神素质和坚强的心理承受能力。培养科学的探索精神与批判精神，要有自我否定的精神、勤奋好学的探索精神、不断开拓的创新精神、科学冷静的求实精神、不屈不挠的顽强精神。五是能力素质。这是工会主席素质的核心。良好的分析能力和实践技能主要表现在洞察能力、探讨能力、决断能力、组织能力、驾驭能力、协调能力、应变能力等。六是品格素质和身体素质。这是工会主席素质中居于中枢地位的素质。包括事业心、责任感、原则性、灵活性、宽宏的度量、自制力、正确的研究方法及健康的体魄等。

工会主席要提升创新能力，还要保证创新环境和创新机制。一是要把创新能力作为评价和任免干部的重要标准，形成能者上、平者让、庸者下的良好机制。二是创新的安全系数很低，要创新就有可能失误，对开拓创新的工会主席不能求全责备。三是健全创新发展机制。要保证工会主席的创新能力能够可持续发展，就要为他们创造条件，包括在职学习、脱产进修、出国考察、社会调研等，使之保持丰富的创造来源和旺盛的创造灵感。

二、提升创新能力存在的问题

（一）历史文化传统不利于创新

不可否认，中国守旧唯古的文化习惯与创新是背道而驰的，对中国人的影响极其深远。历史上历次变法失败的根本原因就是守旧的文化环境拒绝任何的维新变法。几千年来，祖宗崇拜将祖先、祖制神圣化，使任何改革都非常困难，总被视为“数典忘祖”。要创新就得改变现状，就得对既有的予以否定，但在中国传统文化中，创新是没有地位的。

（二）工会主席对创新有模糊或不正确的认识

在现实工作中，讲起创新，许多工会主席的第一反应就是“高不可攀”，不是自己能干得了的事。这种消极心理，很大程度上束缚了工会主席创新的步伐。怀疑自己，惧怕失败，不敢接受挑战，不敢尝试冒险，是阻碍工会主席创新心理因素的突出表现。有一些工会主席，主观上安于现状，不求有功，但求无过。还有一些工会主席过分强调客观条件，面对不利的客观形势陷入唯条件论的泥潭，失去了创新的信心和勇气。

（三）制度设计不利于工会主席创新

党的十八大报告提出，要坚持走中国特色自主创新道路，以全球视野谋划和推动创新，提高原始创新、集成创新和引进消化吸收再创新能力，更加注重协同创新。但是，真正落实到具体工作中，还有一定的差距，特别是工会工作创新，还没有落实到制度保证上，表现在：在工会干部的任用上，没有具体的制度设计来体现工会主席的创新能力；对创新的要求比较宽泛，组织内部对工作创新没有详细的分析和分解，创新的要求提出以后随即就成了一个口号；对创新往往在“培养精神”“提升能力”等方面形成了抽象性的要求，停留在理念上；对创新没有在组织程度上下功夫，过分强调工会干部的个体创新。

（四）盲目蛮干，歪曲创新

有些工会主席未掌握创新的真谛，以为只要胆子大、敢干就是创新，不从实际出发，不按客观规律办事，头脑发热，情绪浮躁，把盲目蛮干视为创新。在工作指导上，急功近利，热衷于政绩工程，结果事与愿违，欲速则不达。甚至一些工会主席打着创新的旗号牟取不正当利益，把创新当作违法乱纪的挡箭牌。还有一些工会主席骄傲自满，不思创新，小有成就便骄傲自满，自恃高明，目空一切。

三、工会主席提高创新能力的途径

习近平同志提出，领导干部要“提高开拓创新的能力，善于根据事物发展的客观规律推动思维创新、方法创新、实践创新、制度创新，创造性地开展工作”。这就为我们指明了领导创新力的具体路径。

（一）思维创新

思维创新是工会主席在开展工作中，运用掌握的知识、经验和智慧，通过分析、比较、综合和想象，突破常规思维，创造新思想和新观点的一种思维方式。与创新思维相对应的是常规思维，这类思维的实质是直线思维，也称线性思维。这种单向思维已越来越不适应今天复杂的工会工作。事物发展不是一因一果，而是一因多果、一果多因，甚至多因多果。工会主席需要多向思维和系统思维。

思维创新需要想象力，需要打开思维的空间，不要给思维定框划界。工会主席既要善于正向思维，又要学会逆向思维；既要能够聚合思维，又要能够发散思维。同时，又要善于借助外脑甚至外行来创新思维。过去常说“内行看门道，外行看热闹”，实际上，外行看热闹有时候也能够创新，因为外行的思维不受既有规则的限制，更容易从新角度发现新问题，提出新思路。

（二）方法创新

“工欲善其事，必先利其器”。工作方法是决定工会主席工作绩效的“金手杖”。我们的任务是过河，要过河就要解决桥的问题，解决船的问题，工会主席掌握了合适的工作方法，工会工作开展就会事半功倍。因此，提升创新力需要方法创新，需要领导干部一切从实际出发，实事求是，与时俱进，开拓创新，在没有桥又造不了船的时候，要学会打隧道过河、绕道过河甚至是摸着石头过河。总之，硬方法不行就用软方法，旧方法不行就用新方法。比如，同是做群众工作，过去，我们主要强调工会干部要下基层和群众“面对面”。但在当今网络信息时代，做年轻人的思想工作，就不仅要“面对面”，还要“键对键”，不仅要下访说家常话，更要上网使用“网言网语”，善于借助网络做群众工作。

（三）实践创新

工会主席要在思维创新和方法创新的基础上，善于结合本地区和本单位的实际进行实践创新。实践创新就是要不断打破固有的思维定式和条条框框，善于用新的视角看问题，用新的思路谋发展，用新的机制和办法解决问题，以实践创新攻坚克难，以实践创新赢得先机。

（四）制度创新

制度创新是在实践基础上，总结成功经验并进一步上升为制度，通过制度创新为实践创新提供动力支持。因此，领导创新重在制度创新。制度创新旨在破解体制机制弊端，激发群众创新活力。制度创新是从根本上破解机制体制弊端的不二法门，一定的制度总是与特定的环境和任务相匹配的，环境和任务变了，原来能够促进我们事业发展的制度现在就可能变成阻碍我们事业发展的制度，原先充满活力的制度现在就可能变得僵化，不再适应当前环境和任务的需求。这就需要在法律允许的范围内以极大的政治勇气，突破旧有制度的束缚，于法有据地推动改革创新。

第3种 判断能力

一、直觉与判断能力

所谓直觉，就是通过自己亲身的感受、直观的体验而得出的对事物或问题的本质的一种假设性的觉察和敏感。直觉作为一种特殊的能力，能使人们“突然”作出正确的判断。工会主席要提高自身的判断能力，应该把培养、提升自己的直觉作为重要内容之一。直觉是解决战略问题所有能力中的最为重要的财富。工会主席可以在决策初期和结尾使用直觉判断，这样可以让直觉充分自由地发挥，产生不受限制的可能判断。

判断能力是逻辑思维能力之一。判断是指反映对象本身及其某些属性和联系存在或不存在的思维形式。工会主席的判断能力，是指工会主席对与工会领导活动相关的各种人或事进行判断，从而为工会领导活动的进行提供价值标准的智慧和才能。判断贯穿于工会领导活动的全过程，工会主席始终离不开判断。在作出决策时，工会主席对形势、条件、任务等需要作出准确的判断；在进行人际交往时，吸引工会主席对上下级的特点作出判断。工会主席敏锐的判断能力对工会工作创造性地开展也具有非常重要的意义。

判断能力是工会主席对各种事物及其属性加以肯定或否定的智慧和才能。在实际工作和生活中，工会主席总是处在不断的选择和判断过程中。判断能力是工会主席的一项基本能力。判断涉及判断对象和判断逻辑两个

知识链接

判断的逻辑形式分为简单判断和复合判断两大类。此外，还有对事物情况进行可能性或必然性的模态判断，以及用来约束人们各种行为的规范判断等。

性质判断属于简单判断，是在结构上不能分解成其他判断的判断。这种判断是断定事物具有或者不具有某种性质，也称直言判断。直言判断被分为全称肯定判断、全称否定判断、特称肯定判断、特称否定判断。其基本逻辑形式是：S是P（肯定判断）或S不是P（否定判断）。

复合判断是由两个或两个以上的简单判断组成的判断，可分为：联言判断、负判断、选言判断和假言判断。联言判断由若干有关联关系的支判断和一个连接词组成；负判断是否定某一个判断的复合判断，负判断与原判断是矛盾关系，二者必有一真一假；选言判断由两个或两个以上具有选择关系的支判断组成，它是断定事物几种可能情况中至少有一种可能情况存在的复合判断，可分为相容选言判断和不相容选言判断；假言判断是指有条件地断定某种情况的判断，是一种断言两支判断之间具有条件关系的复合判断，其中前一个支判断总是后一个支判断的存在条件，而且制约后一个支判断的存在。

方面。判断对象是指客观存在的各种事物，工会主席所采用的判断形式是否合理，决定了其对事物判断能力的高低。工会主席的判断，一般是依赖于观察、记忆、思维和想象，也依赖于直觉。

工会主席判断能力的类型是多样的。一般概括为宏观判断能力和微观判断能力两种。宏观判断能力是指对事物从整体和全面性上进行判断的能力；微观判断能力是指对事物各个具体方面进行判断的能力。从对事物具体性的不同角度来理解判断能力，工会主席判断能力可以分为判断形势的能力、判断业务的能力、判断自身的能力、判断他人的能力以及判断道德、文化、价值等诸多方面的能力。工会主席判断能力的高低，与工会领导工作的绩效有很大关系。判断能力高，工会主席就能正确地识别和使用人才，就能营造良好的领导环境和工作环境，也就能够对一些重大问题作出正确的决策，而且可以根据客观条件的不断变化而及时地修正行动的方案和计划。

工会主席判断能力的重要性还体现在，只有不断提高对复杂形势的判断能力，才善于应对和处置突发事件；只有不断提高判断能力，才能在观察和审视客观世界时善于认识、观察了解客观世界；只有不断提高判断能力，才善于在普遍联系中把握经济社会发展的大局和工会工作全局，在全局变化中找准切入点，抢抓发展机遇，加快奋进步伐。

二、工会主席提升判断能力的途径

（一）加强思想修养

判断能力与个人品质紧密相连，平时就要注意加强个人的思想修养。提高判断能力最需要克服的就是事事依赖他人判断的心理恶习。唯书、唯上、缺乏自信和创新精神的人，其判断能力肯定不行。工会主席要防止在工作实践中刚愎自用、固执己见。用个人意见主宰集体意见来盲目地指导实践，判断就会变成独断、武断或妄断。私心是影响作出正确判断的最大敌人，它会使人在各种选择面前不知所措，难以判断，在很多关键的时刻，往往只有无私、思想境界高的人才敢于抉择，作出正确的判断。

（二）经常参与社会实践

实践是检验判断真假的根本标准，参与各种社会实践是工会主席提高自身判断能力的根本途径。细心观察是作出准确判断的前提。在判断之前，搜集大量信息并加以认真分析，综合考虑各方面的环境和因素。各种相对固定的法则和程序是人类思维的宝贵财富，在判断时要善于利用。根据客观形势的变化利用“定式”并加以融会贯通，才能作出适合形势的正确选择与判断。

（三）善于进行理论和战略思维

工会主席要提高科学判断能力，必须从提高理论思维和战略思维的素质入手。就要加强马克思主义哲学的学习，用辩证唯物主义和历史唯物主义武装头脑；要学习现代思维科学的理论，如形式逻辑、控制论、信息论、系统论、问题逻辑、决策逻辑等，掌握正确的思维规律和方法，减少思维的盲目性、局限性，不断提升思维的自觉性和科学性。

（四）要树立大局意识

工会主席在实践中要注意超越自身的局限来看问题，处变而不惊，就能牢牢把握住事物发展的根本趋势。这就要求工会主席首先培养自己明察秋毫的业务判断能力，善于从微弱的信息变化中判断事物的变化。其次不要轻率地判断他人，不能以貌取人或者仅凭第一印象进行判断。再次要正确地进行自我判断，过分自我欣赏往往会陷入孤立之中；过分悲观、缺乏自信，看不到自己的优点，就不能积极进取，往往会丧失很多机会。最后要目光远大、作风扎实，宠不喜、辱不惊，胜不骄、败不馁。

（五）有意识地强化判断能力

有意识地强化判断能力有两种方法。一是感觉敏锐训练法。这种方法要求工会主席善于清除大脑中各种无用信息，使大脑中存储的信息条理化，这样在排除杂念后，大脑才更清晰，才可以比较均匀地分配注意力，不放过任何一个进入视野的目标。二是羁绊解脱法。工会主席大脑活动的复杂性，经常是被来自社会各种各样的羁绊束缚着，长期如此，势必会对周围的事或物的反应变得迟钝而麻木不仁，这直接影响了工会主席的判断能力以及判断后果。在这样的情形下，工会主席就要尽快地进行自我转移和解脱，进行一定的娱乐活动或体育活动或是自己所喜好的活动，以减轻羁绊和压力，让心情轻松和高兴起来，以使自己更积极地参与实践活动，提高思维判断能力的可靠性和准确性。

（六）防止错误判断出现

首先，不能忽视背景分析。判断与背景相关，准确、透彻地把握背景，对事物所作的判断就能切合实际。任何脱离了背景的判断都会产生负面的效应，也都无法真正地运用到各种实践当中去。

其次，正确定位问题实质，注意判断对象的特点分析。注意研究判断对象的时间、空间特点以及影响面的特点是特别重要的。如果对问题的定位不准确或是错误的，那整个判断过程和与之相应的解决方案也就是错的。一流领导准确的判断能力来自不管他人在何处，各方面的工作情况都会迅速、及时、如实地反映上来；而三流的领导即使每天盯在岗位上寸步不离，也会被他人瞒天过海地蒙蔽。这就是领导者对判断对象的时间、空间特点把握的能力和水平问题。

再次，不小看也不放大，正确分析问题产生的原因。一因多果和一果多因往往使事情呈现出复杂性，原因背后的原因和结果背后的结果犬牙交错，在判断的时候，不能忽视看起来微不足道的原因和细节，也不能被事物的表象所迷惑，当然也不能把问题随便地放大而低估自己作出准确判断的能力。客观冷静的分析、足够的重视和关注，是工会主席作出准确而又合适判断的正确态度。

最后，判断要心智澄明，要有主见。只有头脑冷静、全神贯注才能正确面对问题，作出正确的选择和判断。不断增强自信力，相信自己的能力和实力，不从众，不在群体真实或臆断的压力下，引起自己心理和行为的改变而盲目跟风。真正有作为的工会主席，必须不计个人得失，敢于负责，不盲从众人的压力和所谓权威的压力，坚持独立思考，作出正确的判断。

总之，工会主席的判断能力，不应该是只对某种趋势、形势、条件、时机、方案、方法及后果单一的孤立的判断，而必须是在综合各个因素之后才作出的全面判断能力，要有高瞻远瞩的战略眼光。

第4种 倾听能力

一、不要轻视倾听的能力

很多工会主席都有这样的体会：一位因感到自己待遇不公而愤愤不平的职工找你评理，你只需认真地听他倾诉，当他倾诉完时，心情就会平静许多，甚至不需你作出什么决定来解决此事，可能就已经解决了。对工会主席而言，倾听的重要性体现在以下几方面：

一是倾听能激发职工的工作热情。耐心地倾听职工群众的想法，让其有一种被尊重和被欣赏的感觉，能够有机会在领导面前阐述自己感兴趣的或者专长的事情，对职工群众来讲是一种荣耀，这种愉悦的心态能激发职工为企业服务的热情。

二是倾听能取得职工的信任。认真、专注地倾听，表明工会主席对职工群众的重视和尊重。正是这种诚恳谦逊的态度，才使职工更加认识到工会组织的重要性，对工会组织会更加信任和尊重。

三是倾听有助于指导工作。通过倾听，工会主席能更了解职工群众，更容易掌握职工群众的思想动态，这样才能针对每件事、每个人作出恰当的指示和安排，提高广大职工的工作积极性。

四是倾听有助于自身学习。职位的高低，取决于一个人的综合素质，每人都有优于他人的长处。工会主席通过倾听，可以向他人学习所长，获得更准确、更真实的信息。

五是倾听有助于化解矛盾。职工因某件事愤愤不平，跑来诉苦，即使你没有从实际上帮他解决问题，但只要拿出耐心，听他把牢骚发完，他的情绪也就慢慢地缓解了，因此倾听可以解决冲突和矛盾，化解抱怨。

倾听是一种能力，是对个人的注意力、记忆力、理解力、想象力、思考力的挑战和训练。倾听是一个逻辑的归纳、综合、演绎的过程，同时也是一个情感投入的过程。倾听可以使你的心智越来越发达。倾听还是一种品德。善于倾听的人身上有一种善良的天性和善解人意的特质，这种力量超出你对别人的道德说教。有心理学家指出倾听是一门失传的艺术。

知识链接

倾听的三个层次

层次一：在这个层次上，听者完全没有注意说话人所说的话，假装在听，其实却在考虑其他毫无关联的事情，或内心想着辩驳。他更感兴趣的不是听，而是说。这种层次上的倾听，导致的是关系的破裂、冲突的出现和拙劣决策的制定。

层次二：人际沟通实现的关键是对字词意义的理解。在第二层次上，听者主要倾听所说的字词和内容，但很多时候，还是错过了讲话者通过语调、身体姿势、手势、脸部表情和眼神所表达的意思。这将导致误解、错误的举动、时间的浪费和对消极情感的忽略。

层次三：处于这一层次的人表现出一个优秀倾听者的特征。这种倾听者在说话者的信息中寻找感兴趣的部分，他们认为这是获取新的有用信息的契机。高效率的倾听者清楚自己的个人喜好和态度，能够更好地避免对说话者作出武断的评价或是受过激言语的影响。好的倾听者不急于作出判断，而是感同身受对方的情感。他们能够设身处地看待事物，询问而不是辩解某种形式。

听到与倾听不同。听到是一种生理过程，是声波在耳膜上的震动和电化脉冲从内耳向大脑中枢听力系统的信号传递。听到是入了耳不入心，它是一种生理游戏。倾听则不同，倾听是累人的，是入耳又入心的生命活动。倾听为什么会比较疲劳？这是因为倾听必须集中注意力，而且要让听到的内容和自己的认识和知识结构进行比照，从而与讲话内容发生冲撞或融合，只有产生了冲撞或融合，讲话才有意义。

倾听的种类可分为：欣赏性倾听、移情式倾听、理解式倾听和批判性倾听等，分别用于不同场合，针对不同对象，适应不同的内容。从实质上说，无论什么种类的倾听都是在倾听的三个层次上完成的。

在工作中，倾听已被看作获得初始职位、管理能力、工作成功、事业有成、工作出色的重要必备技能之一。工会主席从层次一成为层次三倾听者的过程，就是其沟通能力、交流效率不断提高的过程。学会高层次的倾听对工会主席至关重要。

二、工会主席提高倾听能力的方法和途径

（一）做好倾听前的心理准备

一是认识自己。就是聆听自己内心真实的需求，确定自己需要哪方面的信息，知道自己了解什么、不了解什么，这样才能看清自己的实力和掌控的资源。二是认识他人。就是以健康的思维去欣赏别人的优点和长处，并以同情心，站在他人的立场和角度，去分析其潜在利益需求或产生问题的根源。三是影响他人。与谈话者先建立心理连接，寻找共同点，建立一种积极的氛围，激发谈话者的兴奋点，使其产生信任感，最终对你形成心理依赖。

（二）掌握一定的倾听原则

一是避免先入为主。当倾听者以个人态度投入一个问题时，往往导致愤怒和受伤的情感，或者使其过早地下结论，显得武断。二是以关心的态度倾听。让说话者能够试探你的意见和情感，同时觉得你是以一种非裁决的、非评判的姿态出现的。不要马上就问许多问题。三是表现得像一面镜子。及时反馈你认为对方当时正在考虑的内容，总结说话者的内容以确认你完全理解了他所说的话。四是使用口语。使用简单的语句，如“呃”

"噢""我明白""是的"或者"有意思"等，来认同对方的陈述。通过说"说来听听""我们讨论讨论""我想听听你的想法"或者"我对你所说的很感兴趣"等，来鼓励说话者谈论更多内容。

（三）掌握必备的技巧

从"听（聽）"字繁体的写法可以看出，不仅要用耳朵去听，还要用眼睛、用心去听，也就是不仅要听到说话的内容，而且要留意说话者的表情、动作，同时要发自内心地去理解所听到的内容。一是要创造倾听环境。尽量选择安静、平和的环境，使双方处于身心放松的状态。二是要神态专注。在倾听时，要目视对方，尤其要注视对方的眼睛，全神贯注，聚精会神，这能帮助你聆听。三是要拿出礼让的精神。独白别太长，尽量不要插嘴，应当求大同、存小异，不要当面否定。四是要主动克服造成倾听障碍的主观因素。例如，自我中心、思想封闭、偏见、先入为主、情绪化、没耐心、交谈不断受到干扰等。

第5种 说服能力

一、学会说服

说服教育，是工会主席开展群众工作的常用方法之一。在实际的工会工作中，还存在不重视说服教育、不善于说服教育的情况。比如，说不清、道不明，说偏了、讲歪了，以权代理、以势代言，说而不服、浪费精力，说而无用、造成抵触等，影响工会工作的正常开展，损害工会的形象和威信。因此，做好新形势下的职工群众工作，工会主席必须提高说服能力。

工会主席要集真理的力量、感情的力量、人格的力量、艺术的力量于一体，充分发挥说服教育的作用，靠真理的力量凝聚群众。实践证明，切合实际、贴近群众、生动鲜活的说服教育是管用的。问题的关键在于，工会主席既要心里装着真理、手中握着道理，又要善于通过各种渠道和方式传播真理、讲清道理。工会主席在摆事实、讲道理的过程中，要多用真挚的感情、平等的心态、和谐的氛围去提升说服效力，强化教育效果，靠人格的力量影响群众。

说服教育是一种能力，也是一门艺术。如果工会主席说话干干巴巴，讲话平平淡淡，既无哲理又无趣味，既不生动又不活泼，必然使听者感到如同嚼蜡，索然无味，影响说服教育的效果。因此，工会主席应在广泛学习各种知识的基础上，掌握说服教育的艺术，提升启人心智的思辨能力，培植怡人心怀的幽默才能，讲求生动活泼的表达技巧，把握恰到好处的时机火候。把哲趣、情趣和理趣融为一体，说服教育就会鲜活、生动起来，使广大职工群众乐于接受。

二、说服的原则

工会主席进行说服教育时应掌握以下原则：

赞美。作为工会主席，当你准备要说服别人时，通过赞美一般可以洞察到对方的心理变化。每个人都需要赞美，这是一个人渴望获得他人认可的需要。只要你表现出的是真诚的赞美，无论任何人都是不会拒绝的。

知识。如果你的知识渊博，并有较高的知识运用能力，在说服性交谈中，就能够占有主动权。你就可以运用知识的力量，把问题说得透彻、明白，也不容易让对方抓住把柄，也就能够更好地说服他人。

委婉。在交谈中，间接地、委婉地指出别人的错失，要比直接说出口来得温和，且不会引起别人的强烈反感。

尊重。有的人总是喜欢责怪他人。但是人都是需要他人的尊重的。实践证明，一味地责怪他人，并不能解决问题，只能会使对方感到不舒服，或者产生逆反心理。

发现。如果你善于发现他人的成绩或是进步，并加以赞扬，实际上就是肯定他人的价值，就能起到激励他人继续进步的作用。要改变人，就要激励他人最大限度地发挥其潜力。认可他们的能力，称赞他们的成绩，激励他们，就可以使其奋发上进，获得成功。

三、如何提升工会主席的说服能力

（一）说服时应掌握相应的技巧

由大及小地层层剥离：在说服别人时，可以采用由大及小的方法去分析整理，这是一种由点及面、层层剥离的技巧，可以使被说服者对说服者所持的观点、内容有一个较为深刻、细致的了解，并能减轻对方接受新观点的心理压力，进而心悦诚服地改正错误。

由小及大地招招紧跟：在说服别人时，也可以采用由小及大的方法，分步骤、分阶段地去分析事理，这是一种得寸进尺、招招紧跟的说服方法。

由此及彼地渐渐推理：如果正面说服别人有一定的难度，不妨暂时远离话题，向对方谈论另一件看起来与之毫不相干的事，再诱导对方归纳出其中蕴含的道理，然后由此理渐渐切入彼理，进行以此类推，回到原来所论之理。

由远及近地步步深入：在说服某些偏执的人时，可以采用以迂为直的策略，先聊一些与实质性问题较远的话题，再由远及近一步步进入实质性问题。采用由优点说到缺点，由副题引入主题，由关心询问到互相探究，层层递进，步步深入，最后才接触实质性问题。

（二）要追求说服的有效性

工会主席要注意培养自己的人格力量。缺乏人格力量的领导，便无法激励部属，达到新的目标。要懂得运用影响力，以带动部属的工作士气。要研究人的需要，知己知彼才能成功。要能够调整自己的情绪，感知他人的情绪，调节他人的情绪，为有效沟通奠定基础。要熟练沟通的技巧，灵活运用语言与非语言系统，并把尊重贯穿沟通的全过程，真诚地肯定他人的成绩并加以赞扬，理解容忍他人的缺点，善于观察、判断他人的情绪变化。

增强说服力，一定要把“大道理”与“小道理”结合好。思想工作离不开讲道理。“大道理”一般是指抽象的理论，“小道理”一般是指针对某个问题进行释疑解惑所讲的具体道理。必须明白，“大道理”是管方向的，“小道理”是对具体问题的解释，是“大道理”的组成部分。“小道理”清楚了，就能加深对“大道理”的理解；但“小道理”如果不与“大道理”联系起来，“小道理”也讲不深刻。这是符合人们认识规律的。

（三）要进行认真的锤炼和揣摩

设身处地，将心比心，换位思考。许多说服工作遇到困难，并不是我们没把道理讲清楚，而是由于劝说者与被劝说者固执地据守本位，不替对方着想。如果换个位置，被劝说者也许就不会“拒绝”劝说者，劝说和沟通就会容易得多。工会主席在做说服工作时，尤其应注意这一点。

求同存异，缩短差距。平级之间、上下级之间或多或少都会存在“共同意识”，应该敏锐地把握这种共同意识，以便求同存异，缩短与被劝说对象之间的心理差距，进而达到说服的目的。共同意识的提出，能使激烈反对的人，也不再持相反意见，会平心静气地听从说服者的劝说，这就有了解释自己的观点、进而攻入别人之心的机会。

推心置腹，动之以情。工会主席的说服工作，在很大程度上可以说是情感的征服。感情是沟通的桥梁，要说服别人，必须跨越这一座桥。工会主席在劝说别人时，应推心置腹，动之以情，讲明利害关系，使对方感到领导的劝告并不抱有任何个人目的，而是真心实意地为他的切身利益着想。“功成理定何神速，速在推心置人腹。”

克己忍让，以柔克刚。作为工会主席，切忌用权力去压倒对方。高明的方法应该是克己忍让，对对方礼让三分，以柔克刚，让事实来“表白”自己。高风亮节必会激起他人的羞愧之心，会由衷地佩服说服者的肚量，在无形中便接受了规劝与说服。这种容忍的风范能赢得被说服者真诚的拥护与尊敬。

适加作料，轻松诙谐。在说服过程中，不能一律板脸皱眉，这很容易引起被劝说者的反感与抵触情绪，使说服工作陷入僵局。在说服工作中，可以适当点缀些俏皮话、笑话、歇后语，从而取得良好的效果。这种加“作料”的方法，只要使用得当，就能把抽象的道理讲得清楚明白、诙谐风趣，不失为说服技巧中的神来之笔。

为人置梯，保人脸面。为了劝服别人，可以给被说服者铺这样的台阶：“当然，我完全理解你为什么会这样设想，因为你那时不知道怎么回事。”或者说：“最初，我也是这样想的，但后来当我了解到全部情况后，我就知道自己错了。”为人置梯，可以把被说服者从自我矛盾中解放出来，使他体面地收回先前的立场，并且还会因为说服者保全了他的脸面而对其心存感激。

第6种 演讲能力

一、演讲的感染力

演讲，是指在特定的环境中借助于态势和有声语言对听众发表意见、抒发情感，从而达到感召听众的一种具有艺术性的口语表达活动。它是一种社会活动，具有特定的社会目的。优秀的领导者都有很好的演讲能力，特别是那些著名的政治家，无一例外都是演讲的高手。演讲的作用在于让他人明白自己的观点，并鼓动他人认同这些观点。演讲的意义并不局限于演讲本身，演讲可以改善口头表达能力、增强自信、提高反应能力。因此，工会主席应该学会利用演讲表达自己。工会主席是否具有较强的演讲能力，是职工群众评价其领导能力的一个重要标尺。

在工会实际工作中，工会主席有时在发言过程中存在不足，主要表现为：第一，说话让人听不懂。说话时，不但有非常浓厚的、难以辨听的地方方言，而且语速非常快。第二，发言时不讲场合，千篇一律，没有特色。用的全是国内政治生活中长期使用的“话语系统”。第三，发言讲理论宣传的多，讲问题研究的少。工会主席提升在各种场合的演讲水平需要一个过程，应该多参加各种会议来锻炼自己。工会主席演讲水平低有多方面的原因，如缺乏公开的竞争性，缺乏一定文化知识水平，在某些方面缺乏一定的造诣等。由于工会主席要直接面对职工群众，大多通过谈话、发言、演讲来解释政策、表明观点。因此，工会主席应该学会用生动、有说服力、有个性、有科学思想的方式进行演讲。

在工会工作中活跃地开展群众性演讲活动，可以提高和调动广大职工积极参与建设中国特色社会主义的积极性和创造性。工会组织以这种活泼生动的形式，结合职工的思想动态及生产建设的实际，宣传党的思想路线，普及科学思维方式，提高职工的素质和主人翁意识，这对工会主席的演讲水平和演讲效果提出了更高要求。工会主席必须认真地学习演讲知识、掌握演讲技巧、提高演讲能力，结合工会工作的实际加以运用，以适应新形势下工会工作的需要。

二、工会主席提高演讲能力的关键点

古罗马政治家西塞罗说：一个优秀的演说家，应该有各种事物的渊博知识，否则词语的流利就会空洞可笑。演说本身的构成不仅依靠选择词语，而且还依赖细心地遣词造句。因为演说中的一切力量和技艺都必须用来融合或者激起听众的情感。抨击和回答应该敏捷而简洁，又要表现出体面和文雅，还要强调身体的动作、姿势、外观和声音的抑扬变化。

（一）遵从“效应”原则

人格魅力效应。工会主席面对职工群众作演讲时，关键是要说真话，动真情，言之有物。工会主席要想练就高超的讲话艺术，增强人格力量，在群众中塑造良好的形象，一方面要博览群书，增强文化底蕴和素养；另一方面在每次讲话前，要针对听众对象，精心准备，列好提纲，做到心中有数，胸有成竹。

目光亲和效应。目视听众，环视会场，使听众有一种被“放在眼里”的感觉，从心理上拉近演讲者与听众的距离。目光与目光的注视，实际上是一种心与心的交流与沟通，给人一种亲和感，增强了演讲的吸引力。

姿态感染效应。演讲者脱稿而讲，身体可坐可立，手势可招可挥，大有挥斥方遒之势。良好的手势动作、举止是语言的必要补充，增添了演讲的风采，会极大地增强语言的感染力和号召力。协调、合体、大方的演讲动作，能够给听众留下美好、深刻的印象。

激情煽动效应。演讲者语调时高时低，频率时缓时急，时而慷慨激昂，时而声情并茂，时而机智幽默，时而妙趣横生，时而抑扬顿挫，在严峻复杂的场面神态坚定冷静，在悲痛的场面稳重严谨，在欢欣热烈的场面热情洋溢。

（二）处理好四种关系

演讲理论与实践的关系。任何没有科学理论指导的实践都是盲目的实践，演讲亦然。演讲是在特定的环境中，由演讲者的品德修养、语言表达和听众心理、信息传播价值及方式等多种因素共同作用的综合行为过程，具有很强的科学性和艺术性。科学的演讲理论熔铸了哲学、美学、社会学、教育学、心理学、语言学、逻辑学、文学、历史等许多门类的科学成果。工会主席应该系统地掌握演讲的基本概念、演讲稿的写作、口语表达技巧、演讲中的机变艺术、演讲设计等知识，把科学的理论和扎实的实践相结合，开展有序、有效的演讲活动。

即兴演讲与常规演讲的关系。一般把经过演讲者深思熟虑并备有演讲稿的、比较严肃郑重的演讲称为常规演讲，而把演讲者兴之所至，有感而发，在没有准备或没有充分准备的情况下所发表的演讲称为即兴演讲。对工会主席来说，应该脚踏实地地进行长期的文化修养、心理品质、思维方式、语言技巧等各方面的艰苦训练，全面培养各种演讲能力。

演讲稿与演讲的关系。演讲前要不要写演讲稿？演讲时带不带演讲稿？这是一些工会主席遇到的难题。这涉及演讲中一个重要问题，即如何正确处理演讲稿与演讲的关系。工会主席作为演讲者，不但应认真撰写演讲稿，还应充分把握演讲稿的写作要求，努力达到演讲稿为演讲服务的目的。演讲时可携带演讲稿，以备不时之需。

口头语言与态势语言的关系。习惯上把演讲中的语言分为口头语言和态势语言两种。仪表、风度、表情、手势这样一些非口头语言因素被统称为态势语言。毋庸讳言，和谐、自然的态势语言是演讲成功不可或缺的组成部分。古今中外很多著名的演讲家都十分重视态势语言的作用，演讲活动不同于电影、电视、戏剧等表演艺术，只有把丰富深刻的演讲内容、准确熟练的口语表达能力与和谐、自然的态势语言有机地结合起来，才是学习演讲、最后达到成功的必由之路。

（三）培养良好的演讲习惯，建立自己的演讲风格

培养良好的演讲习惯，就要做到以下几点：一是写出主题句，确定最优顺序，选择并概括支持性材料，写出并检验你的演讲目标。二是写出引言提纲，考虑演讲的场景，分析听众，克服紧张，写出结论性的提纲。三是适应听众，调整演讲内容，激发并维持听众的兴趣，适应听众的理解力水平，与听众发展共同情感的基础。

建立自己的演讲风格，是指演讲者在演讲过程中所表现出来的独特个性与较为稳定的特征，是演讲者社会背景、文化修养、主体素质、阅历习惯、个性情趣等内在因素的综合反映。演讲风格最大的特点是个性化。个性是风格的基调，没有个性便无所谓风格。对演讲风格的划分，一般有两个标准：以演讲者的感情抒发为标准，可分为慷慨激昂型演讲、深沉凝重型演讲、潺潺流水型演讲。以演讲者语言风格为标准，可以分为质朴无华型、简练明快型、雄浑刚健型、典雅持重型、深邃含蓄型。

（四）演讲的入题、破题与点题技巧

入题，应该辞明而义见。一是要开门见山，二是要讲究悬念和曲折，三是要用强烈的反差、对比来引出演讲的题目。

破题，应该辞约而旨达。一是提出肯定句并加以强调，作为破题的"标志字符"或"标志语符"，以期引起听众的注意和重视。二是用语义的转折、对立等手法来制造"波澜"以实现破题的目的，并给人以警醒、新颖的意境和感受。三是使用自问自答的方式来破题，以期给听众以随和而亲切、警醒又奇特的感觉。

点题，应该辞真而意深。一是用感情色彩浓烈的词语来点题，以期引起听众的内心的共鸣。二是使用点出主旨的警句，以期留下难以磨灭的印象和值得回味的东西。三是艺术地运用熟语，以期听众受到感染并乐于接受自己的观点。

工会主席在不断的演讲实践中，应该根据自己的特点和个性，学会如何制订用于演讲的方案及文档，学会如何采取能够吸引观众的发言姿势和态度，掌握令人信服的发言技巧和练习方法，总结出自己在日常谈话和发言中的不足和亟待改善的地方，学会如何克服演讲前的不安和紧张心理，建立符合自身个性的引人入胜的演讲风格，这对顺利开展工会工作是非常有意义的事情。

走出误区

失败演讲者的“五宗罪”

◆缺乏清楚的要点。听众往往听到最后还不知道你到底想要说明什么问题：“这家伙到底想说什么啊？”

◆没有搔到听众的“痒处”。演讲一定要把听众能够从中获得的利益传达出去：“我能给你带来什么好处”，并且用清楚的语言表达出来。失败的演讲，听众会一边不耐烦地听，一边心里嘀咕：“说那些有啥用？对我有啥好处？”

◆缺少一个清楚流畅的结构。所谓的结构，不是要你作八股文，但演讲者要学会“讲故事”。失败的演讲由于结构不清楚，往往让听众听得稀里糊涂，晕头转向，完全跟不上演讲者的思路：“哎呀，这家伙怎么突然又说到这些事情上来了？”

◆太过于细节化。很多演讲者希望在演讲中加入他认为必要的详尽信息，结果让演讲变得又臭又长，堆砌了大量的数据和事实，真正重要的要点反而模糊不清。

◆太过于冗长。听众的最佳注意力幅度是20分钟。除非非常必要，才可以超过40分钟，否则你还在长篇大论的时候，听众已经毫无兴致，坐立不安了。从你参加工作算起，想想看，有哪几次报告是你觉得“太短”的？

——杰瑞·魏斯曼（世界顶级企业商务沟通顾问、美国最有价值的CEO演讲培训师）

第7种 自控能力

一、自控——成功的秘诀

自控能力就是自制力，即人们能够自觉地控制自己的情绪和行动。每一个成功者，既善于激励自己勇敢地去执行采取的决定，又善于抑制那些不符合既定目的的愿望、动机、行为和情绪。“打铁还需自身硬”，工会主席要领导和组织职工群众，首先要管住自己。

自控有利于维护工会主席的形象。关注和维护形象，渴望在工会组织中得到职工群众的认同与尊重，像珍惜生命一样珍惜自己的形象，已成为工会主席的共识。维护形象，就要求工会主席处处严格要求自己，在政治上自觉遵守党风廉政建设的各项规定，防微杜渐，经得住权力、地位、金钱的考验，抵制诱惑，把好拒腐防变关。

自控决定工会主席的长远发展。自控就是自我约束。对工会主席而言，自我约束是内定力，是稳定器，是防火墙。要切实做到清正廉洁，就必须以自我约束净化心灵，以自我约束强化拒腐防变。良好的自控能力不仅是做好工会工作的需要，还影响和制约着工会主席自身的成长和发展。自控力不是与生俱来的，而是在社会实践中逐步培养和锻炼出来的。

自控是工会主席保护自己的最好方式。近年来，一些工会主席发生这样或那样的问题，甚至触犯党纪国法、走上犯罪道路，尽管原因是多方面的，但根本原因是不注意修养、缺乏自控能力造成的。工会主席如果不加强思想改造，不严格约束自己，即使制度再完善、管理再严格、监督再有力，也不能避免一些人以身试法、铤而走险。用党纪法规规范自己，才能经受住考验，扛得住侵蚀，守得住灵魂，钢筋铁骨，玉汝于成。

二、把握自己——慎权、慎独、慎微、慎欲

提高自控能力，不仅需要在思想上加强改造、在行为上自我约束，还需要在心理上搞好自我调整。要运用科学辩证的思维方法和道德观念，正确认识周围事物、解释客观现象，正确处理身边发生的问题，提高解决自身问题的能力。经常不断地进行自我调整，及时克服各种思想障碍，培养豁达胸怀，磨炼顽强意志，增强自控能力，有效防止因个人意志薄弱、心理失衡而产生的不正常心理、不道德行为和利用职权谋私的不良欲望。

（一）慎权，掌权为民不为己

权力是一把双刃剑，既能稳定社会秩序、有力维护和保障公民的权利，也存在着破坏社会秩序、侵害公民权利的危害。工会主席掌握着一定的权力。这些权力是党和人民赋予的，是职责所系，并不是给予自己的特权。工会主席必须懂得权力和责任的关系，要把权力看成是责任，而不是实现个人私欲的资本；把权力看成是奉献，而不是个人索取的工具；把权力看成是重托，而不是个人贪图享受的温床。在任何情况下，与职工群众同呼吸共命运的立场不能变，全心全意为职工群众服务的宗旨不能忘，始终把体现职工群众的意志和利益作为工会工作的出发点和归宿。

（二）慎独，真诚面对自己

慎独是一种情操、一种修养、一种自律、一种坦荡。所谓慎独，是指人们在独自活动无人监督的情况下，凭着高度自觉，按照一定的道德规范行动，而不做任何有违道德信念、做人原则之事。工会主席慎独，重要的是要管好自己的闲暇时间。要慎嗜好，把个人喜好控制在允许范围之内，防止溺于个人喜好而不能自拔。要慎习惯，培养良好的习惯，防止沾染不良习气。要慎交际，坚持君子之交淡如水的原则，防止徇情枉法，以情谋私。要自觉做到自重、自省、自警、自励。

（三）慎微，从小节做起

“不拘小节，终累大德”“小节不俭，大节失守”。大错都是由小错积累而成的。管涌不堵，可以决堤。作为工会主席，要从点滴做起，把好“苗头关”，守住“一次口”，扼住“萌芽时”，防微杜渐，三思而后行。面对自己的职责，认真地想一想怎样才能做到尽职尽责、恪尽职守；面对矛盾和困难，认真地想一想怎样才能做到迎难而上、身体力行；面对“灯红酒绿”，认真地想一想怎样才能洁身自好、出淤泥而不染。工会主席既要注意培养清新健康的兴趣爱好，又要注意自我约束、嗜之有度、好之有道、谨守防线、把住小节。

（四）慎欲，把握自己

“天下熙熙，皆为利来；天下攘攘，皆为利往。”人的欲望与生俱来，挥之难去，但同时人又是具有理想思维的高级动物，应该而且能够把握好欲望的“度”。作为工会主席，要树立正确的利益观、需求观和比较观，常思贪欲之害，常弃非分之想，常怀律己之心，常修从政之德，不断改造主观世界，认真加强党性修养，始终保持健康心态。注重克服“三个主义”、树立“三种精神”，即克服个人主义，树立无私奉献精神；克服享乐主义，树立艰苦奋斗精神；克服自由主义，树立高度负责精神。工会主席还要正确看待名利，克服攀比心理。

三、控制自己，学会宽容和放弃

人的行为以情绪为先导，任何个人的情绪都会对周围的人产生某种程度不同的效应，而领导者的情绪更对组织有极大的影响。因此，工会主席必须时刻把握好自己的情绪，努力做到：盛怒之时不决策，狂喜之下不许诺；郁闷之际避仇敌，得意之时避密友；喜怒至极宜慎言，烦躁至极应慎行；众怒面前我制怒，众喜面前我抑喜。

（一）制怒

发怒是人们常见的对立行为方式。发怒的严重后果有四：一是会伤人，会毁掉良好的人际关系；二是失态，会破坏自己的领导形象；三是会做蠢事，发怒时会出现意志压抑现象，使理智分析受到影响，很容易意气用事；四是伤身体，发怒对健康百害而无一利。

制怒，属于人的心性修养范畴，需要加强长期的学习和锻炼，以下几种方法可供工会主席参考：首先，要学会换位思考。凡事多为对方着想，不要一味坚持自己的观点，设身处地站在对方立场上来个换位思考，可能会更容易让我们平静下来。其次，着眼长远。有时发怒，并不是因为原则性问题，过后想想觉得很不值得。所以只要放眼未来，就不会计较眼前的得失，斤斤计较小是小非。最后，回避法。当遇到可能使自己失控的刺激时，可以通过回避的方法来处理。这不是懦弱，而是修养和自控力的表现。

（二）克服急躁情绪

工会主席整日被大量繁杂和具体的事务所包围，又常常受到各种突发事件的冲击，容易产生急躁情绪，如何克服这种不健康的情绪就成为工会主席加强自控能力的主要内容。

心理学研究表明，人长期处于急躁不安的状态，会产生压力感，精神紧张，缺乏安全感，严重影响身心健康。因此，工会主席必须学习对付急躁的科学方法：一是培养耐性。避免和克服急躁情绪的有效方法就是把急躁性格磨平，变稳。平时可以做一些需要很大耐心和毅力才能做好的事，如练习书法、下棋等，针对自己性格的弱点，有意识培养耐性。二是急事冷处理。工会主席在处理紧急问题时，应保持冷静的头脑，不要被大家的情绪所干扰，不要急于作决定，急事缓办，多问几个为什么。三是目标远大。当我们心怀远大目标和明确的实现步骤时，就不会为眼前的挫折和困难所击倒，也不会为暂时不能实现的任务而烦躁。这样就会慢慢培养起踏实的工作作风。

（三）培养定力

决定一个人能否成功的关键因素，除了他本身具备的专业能力外，更重要的是他那种抵御诱惑、洁身自好的内在品质。一个难以抵制外界诱惑的人，处处受到不确定的因素影响，动辄被动改变原有的跑道，很难将自己真实的能力全部发挥出来。

定，本身就是功夫。所谓修炼定力，就是在修炼“定”的功夫。定力是一个人意志的忍耐程度，是和勇气互补的意志元素。工会主席就要加强定力的修炼。定力越高，越能遇事不慌、遇险不乱、遇利不贪，从容地应对世事。拥有定力的人，不会被他人一时的顶撞所击垮；善于修炼定力的人，不会被他人一时的冒犯所触怒。待人处世，要保持不被外界所牵动的态度，要保持不被贪欲所蛊惑的定心，要保持不被冒犯所激怒的平静，能理智地对待所有问题。

（四）学会放弃

人生如一盘棋，落子之时即为选择和放弃之时。落子无悔，每一次抉择更要无悔。放弃小的利益，是为了得到大的利益。作为工会主席，要有平常心，对待名利得失要有淡泊之心，得之不喜、失之不忧、宠辱不惊，保持冷静，做人知足，用平淡之心剖析自己、鼓励自己、定位自己，特别是在名利面前，要难得糊涂。唯此，方能心态平和，恬然自得，达观进取，笑看人生。

放弃才能获得，放弃才能专注。放弃是一种处世之道，成事之法，只有抛弃一切芜杂累赘，才能专注所为之事。因此，工会主席应善于放弃一些嗜好，一些习惯；放弃一些烦恼，一些愿望。在放弃中解除负累、摆脱平庸，在放弃中调整思路、积蓄力量，在放弃中专注职责，服务群众。

（五）学会宽容

人非圣贤，孰能无过。一个人只要做工作、干事情，就难免要出现过失甚至犯错误，往往是做的工作和干的事情越多，过失和错误也可能越多。因此，工会主席在工作中应多一些宽容，多一些谦让，多一些理解，工作中也就会多一些和谐。一颗宽容的心可以与人为善，化干戈为玉帛。

当然，宽容绝不是纵容，要分清宽容和纵容的界限。宽容还要有“度”，宽容不是无原则的“求和”，更不是放弃原则的一团和气。宽容是有原则的让步，是为了团结一切可以团结的力量，去完成工会的事业。宽容是一种美德，更是一种奢侈品，也是一门值得工会主席修炼和掌握的领导艺术。

第8种 语言表达能力

一、语言的力量

语言是传达信息的一个重要途径，是人与人之间沟通的重要桥梁和纽带。语言表达能力的强弱，直接影响着工会主席在职工群众心目中的形象和威信，从而在一定程度上影响他们的工作质量和效果。崇高的思想品质、超凡的智慧谋略、卓越的才华能力、过人的风度魅力，都以语言作为载体。具备较强的语言表达能力有助于把自己的思想、要求、观点等通过恰当的语言表达出来，更加有效地号召人、组织人、鼓舞人，从而实现有效领导和成功领导。

工会主席是工会组织的负责任者，是工会大政方针、计划指示的决策者和主要执行者，他们需要通过语言表达来研究问题、部署工作、发号施令，要通过语言表达来发动群众、宣传群众、组织群众。不会讲话，是工会主席之大忌。工会所做的工作就是服务职工群众。工会主席通过讲话，塑造自身形象，塑造工会形象。

当前我们处于瞬息万变的信息时代，社会飞速发展，新问题、新情况层出不穷，要求工会主席在语言表达上要跟上时代的变化，不讲官话、大话、空话，而讲职工群众听得懂的话。

工会主席的语言艺术，就是要根据表达目的、表达内容和语言环境，巧妙地选用语言材料，利用有声语言，并辅之以态势语言去表情达意的一种技巧。具体来说，工会主席的语言艺术具有以下几个方面的特点：

一是原则性与灵活性相结合。原则性是指工会主席要牢记自己的身份，坚持原则，坚持党性，维护大局，该讲的话敢于大胆地讲，不该讲的话则不能讲。灵活性是指工会主席要从实际情况出发，根据语言环境的变化，选用恰当的表达内容和表达方式，来保证交际环境和谐有序，使交际活动圆满顺利地进行。

二是创新与规范相结合。工会主席的语言表达是为了解决问题、以理服人，如果墨守成规、陈词滥调或者打官腔、不着边际，肯定达不到预期的效果。语言艺术不是拘泥于他人现成的语言经验、墨守成规的结果，而是创新思维的产物。语言的创新，就是打破常规，根据交际的需要，创造性地选择语言材料和表达技巧来表达思想、传递感情。工会主席要站在时代的前列，感受时代的气息，适时接受新的时代语言，一次谈话、一次报告，都要使职工群众感受到强烈的时代气息和时代特点。

三是内容与形式相结合。内容美是语言表达的第一要素，但却不是语言表达的全部。工会主席的语言表达应该是形式美与内容美的有机结合。特定的思想内容用最恰当的语言形式表达出来，最恰当的语言形式表达特定的思想内容，也就是形式与内容并重。不能只管内容美，而不顾形式的蹩脚；也不能只顾形式漂亮，而不管内容的拙劣。

四是通俗性与政策性相结合。工会主席运用语言是为了从事领导活动，宣传和贯彻党的方针政策，带领广大职工群众建功立业，是为了让职工群众理解和接受，这就要求工会主席的语言必须是通俗易懂的，同时又必须是合乎党的方针政策、与工会工作的要求保持一致的。通俗地讲，就是要讲明白话，让职工群众一听心中便点起一盏灯，心路明亮，知道怎么做人、怎么做事，怎么做得对、做得好。

二、工会主席语言表达的基本要领

工会主席的语言表达不同于一般群众的语言表达，有其自身的特殊性。总的要求是根据基层工会工作的特点及不同的场合、地点、环境、对象，进行恰如其分的语言表达。

（一）有的放矢，具有针对性

无论是演讲还是个别谈话，都是为了回答问题、解释问题、解决问题。因此，必须有的放矢，针对问题谈话和解释。所以，工会主席要善于把党的路线、方针、政策以及工会工作的要求，结合不同的听众，进行有针对性的解释和宣传。

（二）通俗易懂，深入浅出

工会主席要联系群众、宣传群众、组织群众，必须学习和使用群众朴实生动的语言，让群众一听就懂，有亲切感。通俗性并不是要讲俚语、俗语、土话，而是讲出的话不仅要生动、说理，而且要明事、易懂，使人乐于接受。要善于使用大众语言，同时要深入浅出，忌故弄玄虚。

（三）真情实意，讲真话

工会主席和职工群众说话，不能搞“秋风扫落叶”，而应当“润物细无声”。要善于以情感人，借事明理，增强宣传教育的感召力。“感人心者，莫先乎情”。唯有那些饱含感情的话，才能软化、温暖和焐热职工群众的心。要善于用讲故事、举事例、摆事实的方式同频共振、凝聚共识。

（四）言简意赅，注意概括性

概括是人们进行抽象思维的一种表达能力，就是要用最少的语言传达最大的信息量，来提高工作效率。工会主席无论是布置工作、总结工作，还是讲话、谈话，都要力求用最少的语言把完整的意思表达清楚，以达到“片语以居要，一目能传神”的效果。

（五）讲究原则，把握准确性

工会主席不论在什么环境中，讲话都要有一定的限度和尺寸，不能随心所欲地去阐述、说明个人的思想观点，不能无原则地评价某些事情、某些人而一味地表现自己。同时，工会主席的语言表达要尽量做到规范化、科学化，让职工群众听得懂、听得清，切忌模棱两可、含混不清。

三、工会主席提升语言表达能力的途径

（一）加强理论修养，提高文化素质

语言表达的成功与否首先在于思想内容，思想内容最终取决于表达者的思想认识水平和认识能力。“腹有诗书气自华”“书到用时方恨少”。只有博览群书，才能广泛地汲取各种知识素养，运用时方能取舍自由、游刃有余。工会主席要提升语言表达能力，就要不断学习、补充知识，一是学习马克思主义理论，二是学习经济、政治、历史、法律、文化、社会、科技等多方面知识，三是学习一切有益于增加知识、扩展视野、丰富思维的内容。

（二）加强语言技巧修养

语言能力并不主要取决于天赋，可以通过后天的学习和修炼得到提高。首先要多看一些演讲与口才方面的书籍和文章。其次要多观摩别人演讲，多看一些名人的演讲录像，多看一些电视谈话节目和辩论赛。再次要认真地观察社会、观察生活、观察人与人之间微妙的关系和变化。最后要学习语法、修辞、逻辑的基本知识，要学习和掌握职工群众生动新鲜的语言，学习和借鉴古今中外有生命力的语言形式。

（三）加强心理素质的培养

语言表达是一种精神活动，其效果好坏，与表达者的心理状态有着极大的关系。心理素质好，无论是与人谈话，还是登台演讲，都可以谈笑风生、运用自如；相反，如果心理素质不好，就可能语无伦次、答非所问、贻笑大方。因此，工会主席要提高语言表达能力，就必须培养强大的心理素质。

（四）加强实践锻炼

加强实践锻炼，就是将所学知识转化为表达能力。语言表达是一种能力，能力不能传授，能传授的是有关方面的知识，知识可以转化为能力。怎样转化？实践是最好的老师。要多说多练。实际上，任何杰出的演说家都不是天生的，他们都是在反复训练中不断提高自己的表达能力的。一是练思路。要注意语言的逻辑性，前后连贯，说话层层递进。二是练声音。

说话要气沉丹田，发音浑厚，感染力强。三是练气势。说话时要注意配合相应的手势和表情，以增强语言的感染力。

走出误区

工会主席口语表达十戒

◆戒讲假话。有喜报喜，有忧报忧，如实反映情况，不隐瞒自己的观点。

◆戒讲大话。不以大帽子压人，不以权势逼人，不装腔作势吓人。

◆戒讲空话。不哗众取宠封官许愿，能办到的才说，办不到的不轻诺。

◆戒讲套话。不打官腔，不耍滑头，不唱不能解决任何问题的八股调。

◆戒讲脏话。文明礼貌语言美，在任何场合都不讲骂人的话、粗鲁的话、低级趣味的话。

◆戒讲废话。处事果断，说话精练；开短会，说短话；不要为显示自己的领导地位而故作多余的“补充发言”之类。

◆戒讲过时话。要积极学习和准确使用当前反映新观念、新经验、新科技的新词语。

◆戒讲外行话。要精通本行业、本单位的业务，正确使用工会语言。

◆戒讲文理不通的话。说话要合乎逻辑、合乎语法，讲究修辞，积极维护祖国语言的纯洁和健康。

◆戒讲职工群众不懂的话。要联系职工群众、宣传职工群众、组织职工群众，必须学习和使用职工群众朴实生动的语言，让职工群众一听就懂，有亲切感。不要讲文白夹杂的古董话，不要用长而别扭的洋名式。

第9种 观察思考能力

一、观察思考能力

观察思考能力是工会主席必备的基本能力之一。现实要求工会主席要在勤奋学习的基础上，培养自己敏锐的观察力，养成勤于思考的习惯，培养独立思考的能力。灵活运用学到的理论和知识，对现实问题进行理性思维和科学回答，更好地指导工会工作实践。

所谓观察是一种有意识的知觉，是受人思维、想象、注意等影响的"思维着的知觉"。观察思考能力是指全面、深入、正确地观察和认识事物的能力，是人的视觉和大脑协同活动的结果。思维是人的重要特征，而思维的灵魂在于它的独立性，独立思考是有所发现，有所突破，有所创造的前提。没有独立思考，就更谈不上社会的进步和科学的发展。

人从外界所接受的信息，90%以上是通过观察获得的。观察是获得知识的最基本途径，也是基本的环节，更是思考的基础。创新的主观活动是独立思考。创新者应有独立思考的能力，这种能力是指既要学习和研究前人所创造出的理论，又要客观地运用这些理论。只有扬弃地学习和研究，才能有所创新。

就学习而言，学习和思考是密不可分的认知过程。独立思考是学好知识的前提，是理解和掌握知识的必要条件。不善于独立思考，各方面具体能力的培养将受到极大影响，在能力层次上也不可能达到较高的水平。从

至理名言

我既没有突出的明白力，也没有过人的机智。只是在觉察那些稍纵即逝的事物并对其进行精细观察的潜质上，我可能在普通人之上。

——达尔文

人生最终的价值在于觉醒和思考的能力，而不只在于生存。

——亚里士多德

认识论的角度看，只学习不思考，认识的过程就没有完成。思考是学习的继续，思考的过程是理论联系实际的不可或缺的重要环节。

观察能力，是指在长期的观察实践中形成的特殊的、水平比较高的知觉能力。观察能力的最可贵品质是从平常现象中发现不平常的东西，从表面发现其中的内在联系。独立思考能力，是指对事物的要素、环节、关系的综合，是指在正确思想和理论的指导下，对事物的本质和发展趋势进行超前分析研究、综合判断、逻辑推理，作出科学决策的思想活动能力。独立思考能力要求我们不能孤立、静止或就事论事地思考问题。

观察思考能力包括以下几方面内容：

一是洞察力和预见力。洞察力在心理学上作为观察力、注意力来研究，是指观察分析问题的敏锐性和穿透力。洞察力是强调在实际生活工作中的观察注意力，是观察能力的最高境界。一个具有很强洞察力的人，会对外界事物进行深入细致的了解，掌握最可靠、最直接的第一手资料，敏锐的洞察力是通过对事物的观察、分析和探寻，以确定自己的思考和行动。锻炼洞察力的重要一点是积极的倾听。预见力是指预测和把握事物发展趋势的超前性和准确性。这是从纵横两个方面来考察一个现代工会主席驾驭事物的能力的。

二是多元化思考能力。即怎样思考更多事物，思考得更长远，以全局观、系统观来谋略布局。多元化思考分为三个层次：第一层次是要同时考虑目标与目标关联的多个要素。第二层次是在设计一个大目标的时候，尽可能地设计更多的小目标。第三个层次意味着要把时间的跨度作为一个决定性因素考虑进来，不仅考虑今天，而且考虑未来。多元化思考的优势，就是一次可以考虑更多的事物。

三是系统思考能力。系统是由相互联系、相互作用的若干要素结合而成的具有特定功能的有机整体。系统思考能力就是要以系统的整体观念来考虑问题，要纵观全局、掌握重点。系统思考有三个层次：第一层次是在事件层次上的思考。第二层次是在行为变化层次的思考，这比在事件层次上的思考进了一步，因为其专注于察看较长期的趋势，并评价他们的含义，也打破了短期内反应的局限。第三层次是在系统结构层次的思考。这是最不容易做到的。系统思考超越了事件层次和行为层次的局限，专注于解释是什么造成了行为变化的形态。系统思考的基本要求：一是应防止分割思考，要整体思考；二是应防止静止思考，要动态思考；三是应防止表面思考，要本质思考。

四是批判性思考能力。批判性思考能力是指人们在面临外部世界、外界事件和自己需要着手解决问题时所表现出的，在精神方面正确的知识、能力、态度、习惯和专长，并通过解决各种问题而不断增长自己新的知识。批判性思考能力可依次分为解释、分析、评估、推理、解说和自律六种阶段，批判性思考能力是以上六方面的有机结合。当工会主席具有批判性思考能力之后，就会表现出：相信理性的科学探究过程，对权威和传统的信条会提出质疑和挑战；自信具有理性能力并可应用；思想开放而能接受多元观点；能公正地觉察自己可能存在的偏见、成见、陈规等消极因素；能充分理解别人的意见；在衡量、形成和选用判断时讲究慎重；在发觉有充足理由和根据来推翻自己原来观点的时候，会真心实意地采取行动加以修正。批判性思考能力是工会主席最有价值的才能之一。

二、工会主席提升观察思考能力须知

工会主席要提升观察思考能力，关键问题是一定要认识到，观察思考是统一的而且是要作出正确决策的完整过程。独立思考的出发点是工会主席理性思考的起跑线，起跑点的选择直接影响到工会主席思考问题的质量，也直接关系到决策的成败。观察思考问题一定要从实际出发，不能主观臆断，更不能先决策后论证。没有理性思考的观察是领导者没有头脑的表现；没有经过冷静观察过程的独立思考，也是在闭门造车，思考的结果肯定不会符合职工群众的利益和需要。

（一）提升观察能力的方法和途径

工会主席要提升观察能力，一是要有观察的兴趣，观察的目的要明确，观察的形式要多样化。二是观察要能抓住事物的特征，要学会比较，要专注认真，要反复观察。三是观察要能辩证地看问题，要由表及里地看问题，要全面看问题，要用发展的眼光看问题。四是要养成良好的观察习惯，要注意变换观察方位，要养成自觉意识。五是要善于思考，要把观察从一种意识转变为能力并且得到巩固、提高，就必须进行理性思考，用理性方法，运用思维工具去对感性认识进行概括、判断和推理，使之去伪存真。观察和思考，二者不可偏废，两者的有机结合，才能相得益彰。

工会主席要提升观察能力，就要掌握一定的方法：一是结构式观察。事先设计好观察的内容和项目，制订有关的观察计划进行实际观察，做好记录。二是参与性观察。这是在与观察对象一起活动中达到观察目的的研究方法。它可以缩短观察者与对象之间的心理距离，可以深入内部，获取有价值的材料。三是“定序”观察。即按照一定的顺序进行观察。或由上到下，或由近及远，或由点到面，或由外到里，“定序”观察易把握事物发生发展的脉络。四是“寻根”观察。即对被观察对象从头至尾，追根寻源，以获取有效的证据。五是“比较”观察。即将观察到的实际状况、观察前查阅的相关资料等进行对比或“联想”，对观察事项做纵向和横向比较，以收集有力的证据。

（二）提升思考能力的方法和途径

工会主席要有效提升思考能力，应该继续加强学习。一是要学点社会史、科技史等，这对在高科技、高信息社会的观察思考是极为有利的。二是要学点逻辑学，这可以帮助工会主席在进行正常的思考活动时，做到概念明确、判断恰当、推理合乎逻辑。三是必须要有辩证唯物主义的哲学修养，任何由于思考问题不成熟而导致的失败，归根结底是源于哲学上的失误。学好马克思主义哲学，学会运用唯物辩证法，仍然是进行科学独立思考的重要方法论基础。

工会主席要提升思考能力，一是要有大胆怀疑、敢于批判的科学精神。敢于否定权威，提出新见解，敢于否定被人们认为“是”的事物，通过独立思考发现其中的“非”。二是要保持好奇心。好奇心能促使人对新事物产生敏感，驱使人们对事物进行精细的观察和主动的思考。三是要扩大视野，拓宽知识领域。个人的“知识量”与其分析问题、解决问题的能力是成正比的。四是要培养正确的人生目标。为人民、为祖国、为社会服务的人生目标是人的根本和灵魂。五是要消除培养独立思考能力的障碍，克服自身探幽索微的心理障碍，创设民主、和谐、开放的氛围。

工会主席要提升思考能力，就要掌握一定的方法：一是逆向思考。是指沿着他人或自己原有思路相反的方向去思考问题的方法，又称反向思维。它与既有的思维规范相左，也与顺向思维的思路相反。二是辩证思考。在考虑问题时应从事物的对立统一中去思考，从事物的全面性和各个侧面的辩证关系中去思考问题。三是综合思考。综合思考指以问题为中心，通过对所得到的各种认识加以比较、分析组合、归纳、从总体上对各种认识加以整合，使之形成整体性的、系统性的认识。四是超前思考。人的思维类型按时间划分可分为面向过去型、面向现在型和面向未来型。超前思考就是面向未来的思考，是对事物的发展趋势、潜在问题的思考。五是移植思考。所谓移植思考，就是把某一领域的经验、成果运用到其他领域的一种思维方法。

第10种 分析解决问题能力

一、分析解决问题能力的重要性

分析解决问题能力，是指围绕一定的目的去认识事物、分析矛盾、处理事件而求得到一定结果的思维和行动的能力。工会主席在日常工作中，要面对大量繁杂、具体的问题，如何提高自己分析解决问题的能力在工会领导工作的实践中显得尤为重要。

分析问题能力，就是分析事物和矛盾的能力，通常是指对事物的综合分析能力。它是通过对事物的观察，在获得感性认识的基础上，对事物进行思考，即进行抽象和概括，以把握事物的本质和规律，这个思考的过程就是分析问题能力的运用过程。

解决问题能力，是指把分析的结果综合起来，指明矛盾的性质，提出解决矛盾的方法的能力。分析问题的目的是解决问题，因此，如果没有解决问题的能力，使对事物的认识仅停留在分析阶段，就失去了意义，也达不到做好工作的效果。所以，工会主席既应增强分析问题能力，也应增强解决问题能力。

工会主席具有分析和解决问题的能力，二者是密不可分的，分析问题的目的在于解决问题，而解决问题依赖于对问题的科学分析。工会主席分析解决问题的能力关系到他能否胜任本职，不负众望，分析解决问题的能力是工会主席必备的基本功，也关系到整个工会工作的效率高低。

分析解决问题的能力不是一项单独的能力，它是各种能力的综合体现，其中包括观察力、理解力、判断力、决策力、组织力、协调力、指挥力等，它主要受知识、技能、智力三个因素的影响和制约。知识是能力的基础，丰富的知识是分析、解决问题能力的有利条件，工会主席掌握的各种知识越丰富，运用得越好，则分析解决问题的能力越高。技能，就是工会主席运用所掌握的各方面的知识，顺利完成工作任务的活动方式、方法和领导艺术等，领导技能的高低，也是影响分析、解决问题的重要因素。智力是人们的大脑对客观事物和信息的反映、认识、储存及处理能力，它主要包括观察能力、记忆能力、思考能力和想象力。工会主席要培养分析解决问题的能力，还必须具备一定的智力条件。一个具有最佳智力结构的人，才能更好地掌握知识、获得技能、有所创新，因此工会主席要提高自己分析问题、解决问题的能力，必须掌握知识、训练技能、发展智力。

客观事物是多种多样的，工会主席遇到的问题多、涉及面广，分析方法也是多种多样的，工会主席要提高自己的分析解决问题能力，掌握其中的主要方法尤为重要。系统分析法和动态分析法是两种主要的分析方法，工会主席运用系统分析法，可以使分析方法更具科学性和活力，工会主席不仅分析问题的能力呈现多样性，解决问题的能力也要体现在多方面，在客观上既要有解决政治思想方面问题的能力，又要有解决经济工作及工会专业工作的能力；既要有解决具体事件的能力，又要有解决复杂的系统工作的能力；既要有解决一般问题的能力，又要有解决特殊事件的能力，尤其是处理突发事件的临机应变能力。工会主席要具有动态分析的能力，就是要在头脑中建立科学的时间和空间坐标系统，并提高在动态中处理信息的能力，要善于对事物进行综合和比较分析，在动态中对事物进行分析，这样才能在激烈动荡和变化中抓住事物的主要方面，并予以解决。

二、提升工会主席分析解决问题能力的途径

工会主席分析解决问题的能力，是在提高个人的各种素质（包括政治素质、知识素质、技能素质、智力素质等）的基础上，并通过不断的努力与实践，逐渐形成的。由于每个工会主席的素质结构及能力结构不同，决

定了他们分析解决问题的能力各有不同。政治理论素质高，在理解、执行党的路线方针政策特别是工运方针政策方面的能力就强；专业知识素质高，那么在分析、解决各个工会专业业务方面的能力就强，一般来说工会主席提高分析解决问题能力的途径主要有以下几个方面。

首先，坚持以辩证唯物主义和历史唯物主义世界观、方法论为指导。工会主席分析解决问题必须有正确的立场、观点、方法。辩证唯物主义和历史唯物主义是唯一正确的世界观，又是科学的方法论。工会主席要提高分析解决问题的能力，离不开科学的世界观的指导，认真学习贯彻习近平总书记的系列重要讲话精神，只有树立了辩证唯物主义和历史唯物主义世界观，坚持以马列主义、毛泽东思想、邓小平理论、“三个代表”重要思想、科学发展观为指导，认真学习贯彻习近平总书记的系列重要讲话精神，坚定不移地推动党的工运指导方针的贯彻落实，才能有正确的信念、坚定的立场、清醒的头脑和开阔的胸怀，在分析、解决各种问题时，才能高瞻远瞩、运筹帷幄。同时，掌握了科学的唯物辩证法的思想方法和工作方法，在分析解决问题时才能一切从实际出发，坚持全面系统看问题的观点、发展的观点、矛盾分析的观点、群众路线的观点等，善于进行科学的逻辑思维，增强分析解决问题的能力。因此，工会主席一定要不断地在实践中丰富自己的政治理论素养，努力学好马列主义基本理论，为自己提高分析解决问题的能力打下扎实的基础。

其次，加强调研。工会主席分析解决问题的能力来自正确的判断，而正确的判断则是建立在对客观实际情况周详调查了解的基础上的，即“没有调查就没有发言权”。在调查研究的基础上深入研究，才能深刻认识事物的本质和规律。同时还要在充分占有信息和资料的情况下，运用现代科学理论和方法，对事物发展的未来状态或趋势预先估计和推测。一位精明能干的工会主席在分析解决问题前，一定要仔细地观察、研究现状，对事物未来的发展变化进行估算和推测，研究并弄清事物的发展规律，这样才能卓有成效地开展领导活动。

再次，努力提高知识水平和心理素质。工会主席分析解决问题能力的提高要受到知识水平和心理素质的影响和制约。在知识经济时代，知识水平的高低决定着分析解决问题能力的高低。知识面广、理解力强、思维敏捷，便在分析解决具体问题时占据一定优势。因此，要提高分析解决问题的能力，就一定要在理论和实践中提高自身的知识水平，并根据工会工作的具体要求构建合理的知识结构。作为一名工会主席，其合理的知识结构要有两个特征：一是综合性。工会工作的内容非常广泛，涉及的面很宽，上至参政议政下至职工的生老病死，从群众生产到群众生活，从维护职工合法权益到思想政治工作，都要求工会主席的知识面宽广，并具备一定的综合性。工会主席不仅要学习理论，还要学习法律知识、管理知识、市场经济知识、科学技术知识等。二是创新性。作为工会主席还要注意学习和研究中国工会和国际工会运动中凝结而成的工运领导经验。学习和借鉴必须坚持扬弃的原则。学习和借鉴其中符合科学的内容，并不断进行丰富、总结、完善和创新，以创建符合中国实际、具有中国特色的社会主义工会理论和工作方法。心理素质虽然不像知识、智力那样直接制约着领导者分析解决问题能力的形成与提高，但它在一定程度上也起着影响作用，工会主席的意志力、魄力等对分析解决问题都有重要影响。工会主席处事果断、当机立断、百折不挠、坚定不移的意志力以及解决具体问题时的胆识和魄力，对提高分析、解决问题的能力也是非常重要的。

最后，理论联系实际，并在实践中锻炼提高。理论联系实际是我们党的优良传统和作风，同时也是对工会主席提高领导水平的基本要求。工会主席在学好理论的基础上，必须要勤于思考，刻苦钻研，抓住实质，并将理论应用于实际。学习理论是为了指导实践，是为了用理论观点分析解决实际问题，理论与实际的结合点是实践，工会主席只有积极参加实践，才能增长才智和水平，才能在实践的大课堂中提高自己分析解决问题的能力。

第 *11* 种 人际沟通能力

一、沟通，人际关系的基本形式

海明威说过“每个人都不是一座孤岛”，人类社会，人际交往能力是人的社会生活的基本能力，也是一种状况适应能力，即一种愉快地调整与周围环境关系的能力。如何处理人际关系，特别是以“为职工服务”为宗旨的工会主席，应该掌握处理人际关系的“白金法则”，即国际社会称为服务的普遍性法则。“白金法则”是指在人际交往中想取得成功，就一定要做到交往对象需要什么，我们就要在合法的条件下满足对方什么。所以说，在处理人际关系时，不论是在因私的问题上，还是在因公的问题上，都要把握这个底线，这样，起码不会把事情办得更糟。

人际沟通是人类交往的最主要的形式，是人们在共同活动中彼此交流各种观点、思想和情感的过程。与大众传播相比，人际沟通至少具有三个优点：第一，人际沟通是人与人之间面对面的交流，彼此有一种亲切感。第二，人际沟通是双向沟通，能够立即得到信息反馈，双方可以就有关问题进行讨论或争论。第三，可以根据信息反馈，及时调整交流的信息内容，具有较强的灵活性，保证沟通彻底、理解正确。

与大众传播相比，人际沟通具有如下特点：一是人际沟通的双方都是主体，双方都有自己的目的和要求，在沟通中不仅能够交换信息，同时也能够影响和改变对方心理或行为。二是人际沟通主要通过语言进行。语言既具备自然信息的功能，又具有复杂的社会功能。在沟通中语言的音质、音量、节奏以及在特定情境条件下的类语言，如哭、笑、喘息等都能起到辅助作用。三是沟通方式有其独特的功效。同样的沟通内容采用不同的沟通方式会取得不同的效果。如若想求得他人的帮助，当面沟通比采用电话沟通效果要好。四是人际沟通中有心理障碍。沟通双方若在经验、态度、思想、情感、年龄等方面存在较大的差异，就可能引起沟通障碍。例如，一个单位的领导者大公无私、以身作则，在群众中享有崇高的威信，他分配的工作或提出的要求就容易被职工接受。再如，同一种信息，由诚实的人传达总会比轻浮的人传达效果要好。

知识链接

白金法则的三个要点

白金法则有三个要点：一是行为要合法，不能要什么给什么，做人、做事都需要有底线；二是交往应以对方为中心，对方需要什么，我们就要尽量满足对方什么；三是对方的需要是基本的标准，而不是说你想干什么就可以干什么。

沟通是经常性的工作。社会在发展、形势在变化，沟通行为总是伴随人们的日常生产生活而存在。工会主席的工作肩负着职工的重托和希望，也面对着诸多的矛盾和纠纷。这就需要通过有效的沟通，实现既定的目标任务。重要决策、工作实施，需要沟通；任务分配、责任划分，需要沟通；会议筹备、文件起草，需要沟通；甚至一些事务性的“小事”，同样需要沟通。因此，工会主席必须把沟通纳入日常视线，列入日常工作，经常化、一贯性地认真做好。要做好工会工作，就要大事小事多沟通、有事没事常来往，确保目标任务的一致性和工作落实的顺畅性。

二、工会主席要学会人际沟通

（一）如何与上级沟通

一是尊重而不恭维。对上级领导尊重是最基本的礼节和原则，不仅是对上级领导者个人的尊敬，而且是顾全大局、支持工作的表现。特别在正式的、严肃的工作场合，要讲究礼节，维护领导者的威信。但是，这种尊重不是恭维，不是畏首畏尾、低三下四，更不能奴颜婢膝地阿谀奉承、讨好领导。

二是服从而不盲从。对上级的决定，下级一般都应当服从，并通过创造性的工作积极贯彻落实。但是，服从并不意味着对上级的盲从。由于经验、能力和知识等方面的局限性，上级不可能做到对任何事物的认识、判断都准确无误，在工作中难免有考虑不周、安排不当的时候。此时要从职工群众的利益出发，勇于坚持原则，敢于阐述自己的意见。

三是到位而不越位。作为下级，在协调与上级的关系时，一定要明确自己在组织系统中的角色地位，努力按照角色的行为规范去做好工作，做到尽职尽责尽力而不越位，既要切实做好本职工作，又不能超出自己的法定权力和岗位职责。

四是补台而不拆台。在领导活动中上下级的关系是相互依赖、相互补充、相互作用的关系。只有上下级之间相互支持、彼此合作，才能完成领导工作使命。作为下级要出以公心，破除名利思想和虚荣心，维护好上级的威信地位，积极主动地支持和配合上级工作，甘心当好“绿叶”和助手，做好“补台”工作。

五是直言而不妄言。下级应善于用直言、真言以至诤言来增进同上级领导之间的了解，融洽彼此之间的感情。对上级领导进言时要讲真话，不能唯唯诺诺、吞吞吐吐，更不能花言巧语。对上级领导进行评价时，要讲实话。对上级领导进行批评时要讲真话，不讲假话。

（二）如何与下级沟通

对工会主席来说，良好的上下级关系是很重要的，它有助于了解下情，增强团结，保证领导活动的正确性。

一是尊重和信任下级。不要公开揭露下属的短处，更不能挖苦讽刺。对下属取得的成绩要及时给予肯定，公开宣传，不要吝惜表扬。听取下属的意见，给予他们参加管理的机会，对下属的不现实或不合理的意见，只能作必要的解释，不要直接反驳。重视下属的劳动成果，并给予公平的评价。

二是统揽而不包揽。工会主席作为工会的“一把手”，对工会全面工作负有总的责任，要统揽全局。但统揽不等于包揽，不等于代替下属的所有工作。我们讲的统揽全局，就是要抓大放小，把主要精力放在管原则、管方向、管大事上，突出重点、兼顾一般，而不可事无巨细、事必躬亲。要使上下各司其职、各负其责，步调一致、配合默契，充分调动下属的积极性和创造性。

三是宽容而不狭隘。工会主席不仅要与自己亲近的人和谐相处，更重要的是要公正地对待疏远自己的人，与那些持不同意见或反对自己的人搞好关系。要本着“亲者严，疏者宽”的精神，在分清大是大非的基础上求大同、存小异，允许疏者和自己有不一致的地方，并力图在实践中逐渐取得统一的认识，这样才能使人心情舒畅、消除隔阂、促进人际关系的协调发展。要做到宽容而不狭隘，还要一视同仁地对待下级，尊重下级。

四是公正而不偏私。在工会工作中难免会产生一些矛盾和纷争，甚至发展为成见与私仇。在这些矛盾面前，倾向一方、责难一方，或者火上浇油、“坐山观虎斗”，都不是上级领导者所应采取的态度和方法。要像诸葛亮所说的：“吾心如秤、不能为人作轻重。”意思是说要公平如秤、一视同仁，不以亲疏爱憎为转移。

五是揽过而不揽功。工会主席对工会全局工作都负有责任。对工作上出现的差错，甚至铸成的大错，作为领导者，首先应该从自身找原因，真心诚意地承担责任、认真检查、努力改正。即使有些过失的确是下属的责任，你也应多替下属着想，主动把过错揽过来。这样既有利于工作的开展，也有利于下属的进步。

（三）如何与同级沟通

在领导活动中，不仅有上下级关系，而且有同级之间的平行关系。同级关系与上下级关系相比，有其特殊之处，既是天然的合作者，又是潜在的竞争者，关系十分微妙。要保持良好的同事合作关系，要做到以下几点：

一是要分工明确、各负其责。做到权力不争、责任不让，属于别人职权之事，绝不干预，属于自己的责任，也绝不推卸。由自己分管的工作，不要别人点头画圈，本不由自己处理的事情不要争着管。那种有好事就争抢、有了问题就推卸的行为，是破坏同级之间相互协作的腐蚀剂，必须防止和克服。

二是互相尊重、互相支持。同级之间常会遇到一些工作上需要共同处理的事情，这时要互相支持、敞开心扉。互相支持是互相尊重的表现。只有互相支持才能互相配合。对交叉事务，同级之间应当通过协商去解决，不能擅自做主处理。否则，既影响同级之间的关系，也往往使下级为难，给整体工作带来不必要的损失。

三是要善于谦和忍让、以理服人。同级之间难免在工作中遇到一些纠葛和矛盾，在处理时，要本着顾全大局，从维护团结的良好愿望出发，对一些无关紧要的“小事”采取不予细究、委曲求全的态度，即使是涉及大是大非的原则问题，也要讲究方法，避免言辞激烈，伤害同级感情，要以理服人，还要注意不要把矛盾公开化，避免把领导之间的分歧扩展到下级和群众中去，破坏组织的团结与稳定。

四是要加强沟通、坦诚相见。同级之间既然同属于整个管理机器的一个组成部分，工作上有着密切的联系，只有经常交流、及时沟通，才能进行有效合作。来自领导工作中的实践也证明，善于沟通的领导者，就容易使对方信任和理解，彼此之间的心理防线也容易迅速消除；而缺乏相互沟通，则易产生心理冲突，相互敌视，所以真诚的沟通在同级之间必不可少。

三、工会主席要掌握人际沟通的艺术

沟通不仅是一种实施领导的能力，更是一种为人处事的艺术。领导艺术只有规律，但是没有普遍认同的唯一标准。这就需要工会主席在沟通的实践中，不断探索、不断提高。

（一）严于律己，正人品，得人缘

一般来讲，一个有威信的工会主席，必定有“人缘”。这个“人缘”是工会主席在实施领导工作过程中严于律己、以身作则所表现出来的巨大感召力和凝聚力。它有别于那种纯粹以“感情”为基础的人际关系。所以，工会主席要有“人缘”，必须严于律己。一是要在行为上严格要求自己。一个言行不一、不干实事、溜须拍马，甚至贪财、贪色、贪权的工会主席是不会得到职工群众真诚拥护的。只有坚持原则、作风正派、联系群众的人，才会受到职工的尊重和爱戴。二是要在语言上严格规范。在工会领导活动中，宣传、发动、组织职工群众是工会主席的重要职责之一，而宣传、发动、组织都离不开语言。所以，工会主席必须严把语言关，切忌在职工群众面前说大话、空话、假话和脏话，要多说关心和鼓舞人的话，这样才能提高感召力。三是处事上要严肃公正。工会主席处理事情一定要严肃认真、大公无私、合情合理，切不可拿原则做交易、用权力换交情。否则，就会因“处事不公”而遭众怒。

（二）要真诚，讲平等，怀宽容

人际沟通最重要的是真诚，口心一致，切忌虚伪客套、言不由衷。在人际沟通中，双方在心理、人格上应保持平等，任何一方都不能因社会权力地位的优越而采取强制性措施，迫使对方与自己沟通。我们不否认在交往沟通过程中一方会处于主导地位，但交往的主导者更要注意克服“高人一等”的不平等心理。双方应互相尊重、处事公正，努力消除社会上消极因素的影响。不能平等相待，必然使其中的一方厌恶这种沟通方式，甚至会因此而对对方怀恨在心，伺机报复。

（三）讲究合作和批评的艺术

要树立合作意识，协调好内部的矛盾，充分发挥工会领导集体的智慧。工会领导集体内部要搞好关系，在工作上密切配合，促进工会事业的健康发展。一是要在政治上追求立场的一致性。集体成员要不断增强党性观念，尊重工会主席的核心作用。在大是大非问题上，必须统一思想、立场一致。二是要在情感上达到关系的相融性。集体成员之间既是同事，也是朋友。要互相信任、互相尊重、互相支持、互相谅解，要经常谈心。要“当面提意见，背后说好话”。三是要在决策上促进观点的共同性。在决策上，要以大局为重、同心同德。工会主席在重大决策前，要主动与集体成员商量，尽量取得一致的意见。同样，其他成员也不要袖手旁观，要真心实意当好工会主席的“参谋”“顾问”和“后盾”。四是要在行动上达到目标的统一性。在平时工作中，集体成员要做到职责上分、思想上合，工作上分、目标上合，制度上分、关系上合，真正做到“分工不分家”，形成良好、和谐的合作关系。

讲究批评的艺术。要注意批评的及时性，要将警告、提醒、批评糅合运用。把握时机与场合，是批评艺术的一个重要环节。一是要注意批评的及时性。通俗地讲就是要“趁热打铁”。批评时要具体情况具体分析，既要有批评的坚决性和果断性，又要有分析判断问题的细致性。二是要把握批评的拖延性。也就是“冷处理”的方式，即批评下级的条件还不成熟，需要有一段时间的缓冲。“冷处理”需要我们认真观察仔细思考，捕捉有利的时机，一旦条件成熟，立即着手解决。三是要把握好批评的弹性。也就是批评的伸缩性、灵活性。因为很多时候的批评，及时当中有拖延，拖延当中又包含着及时，这就要求我们要把握好批评的弹性。四是要注意批评的场合。主要把握好两个问题：首先是批评的范围。需要全体人员都注意警惕的问题，必须在大范围内进行批评；如果问题正在萌芽中，只需领导和骨干掌握的，就可以在较小的范围内批评；对不适宜公开、不适宜在公众场合批评的问题，则需要在小范围进行。其次是批评的氛围。对同一性质同一程度的问题，在群众觉悟较高、风气较正的场合，就可以进行严厉批评；在群众心理承受能力较低的场合，则要动之以情、晓之以理、耐心启发，使受批评者得到教育。

（四）学会倾听，放下架子

倾听是工会主席与职工之间取得沟通、加深了解、增进感情的一种有效方式，在工会领导活动中起着重要作用。工会主席在倾听过程中，要有谦虚的态度，要兼听而不偏信，要有耐心，还应努力做到以下几个方面：

对别人讲的话感兴趣，要充分地关注对方，在倾听对方时，要全神贯注，防止走神，应一心一意地注意别人在说什么；看着对方说话，不应东张西望；不应让个人的好恶妨碍自己注意别人在说什么；努力去理解对方言词及其含义，不要回避难于领会的东西；不轻易打断对方说话，转换话题要巧妙；不要轻易下结论或者准备反驳。

与职工沟通时，要注意把握以下几点：一是必须放下官架子和面子。在职工群众面前，不要摆谱，不要端架子，不要顾及自己的面子，你首先应该是他们的朋友，其次是他们的学生，最后是他们的听众，你是去跟他们交谈、交往的，是去向他们学习的，是去听他们的声音的，你的目的是了解他们、认识他们、结识他们。二是必须学会微笑。有的同志成天苦着脸，那是不成的，要学会微笑，尤其在职工群众面前，更要用你的微笑，去赢得他们的微笑。然后，听他们的心里话，认真地了解他们在想什么、他们想要些什么。三是工会主席必须学会做一个真实的听众。这个时候，你应该少讲话，在没有充分了解民情、民意的时候，更不要瞎说话，更不能动辄就说些情绪化的言语，故意造成敌对情绪；你不要以为这个时候你还在做报告，你必须学会做一个听众，尽可能多地让职工群众自由、随意地发言。四是要学会使用幽默的语言。幽默的语言，首先来自职工群众的语言，你要善于引用他们的语言，用他们的语言去感染他们的情绪，引起他们情绪的高涨，增加谈话的和谐度，更赢得他们的尊重。不要用生硬的政治语言去和职工沟通，职工更喜欢看到的是一个能够和他们交谈、交往、没有架子的工会主席。

第 *12* 种 心理调适能力

一、心理素质的重要性

戴尔·卡耐基曾经说过，一个人事业上的成功，15%靠的是学识和专业技术，而85%靠的是心理人格素质和善于处理人际关系。现代心理学认为，健康的另一半是心理健康。也就是说，人的健康包括两个方面：身体健康和心理健康，即“身心健康”。凡是称职的工会主席，不仅需要有良好的思想素质、道德素质、文化素质，还需要有健康的心理。

一个人心理素质的好坏影响重大，甚至决定着人生的成败。第一，心理素质决定着人在个性、气质等方面的特点。第二，心理健康直接影响着人的情绪状态，进而影响着人的健康。第三，心理素质通过对上述各方面的影响，使人在事业上取得不同成就。

工会主席需要过硬的心理素质。首先，工会主席心理健康是做好工会工作的基础。工会主席每天要面向广大职工群众，肩负服务职工群众之责。如果时常孤僻，怎能与职工群众打成一片，怎能联系和服务职工群众。如果时常不安、焦虑和怨恨，又如何搞好工会工作。其次，工会主席的心理健康关系家庭和社会安全稳定。工会主席心理健康，家庭才会健康和睦。家庭是社会的细胞，每个家庭的健康与否直接关系到社会、国家的健康。最后，工会主席心理健康关系工会的形象。心理决定行动，工会主席的每一个行动、每一个表现都影响其在职工群众心目中的形象，影响工会组织在职工心目中的形象。

当前，领导干部的心理状况令人担忧。工会主席的心理健康问题突出表现在三个方面：一是焦虑感突出。当工会主席工作压力过大、人际关系紧张、目标难以实现时，往往就会产生焦虑心理，表现出烦躁不安、情绪波动、紧张失眠、自信心丧失，处在一种忧虑、惊恐的情绪状态之中。二是抑郁感明显。有的工会主席面临难点工作，感到心有余而力不足，特别是当任务完不成、领导不满意时，内心强烈的挫折感、失落感，就会产生明显的抑郁感，甚至患上抑郁症。三是强迫症凸显。工会主席一般受职责的局限，偏重强调工作上求全、求好，这种倾向虽有好的一面，但是当事实与理想发生冲突时，常使自己陷于一种痛苦的境地，明知没有必要，但又无法摆脱无意义的思想、冲动等行为表现，还会出现比较一般的感知障碍。

导致工会主席心理出现问题的社会原因有以下方面：一是工作压力过大。当前我国正处于社会转型时期，各种利益交织，矛盾纠纷居高不下，社会不稳定因素增多，稍有不慎，就有可能引发严重的群体性事件。二是社会应酬过多。上级布置的任务多、检查多，不仅是层层考核、检查，而且还有企事业单位自身的生产、工作任务。三是关系使人身心疲惫。社会上的“拉关系”“认人不认事”等风气渗透到党内，并影响到工会组织。工会主席忙于应付各种关系，身心俱疲。四是升迁方面的压力越来越大。工会主席群众基础较好，能力较强，希望在职务上能有所提升，但竞争激烈。五是来自新闻媒体的压力越来越大。现在是信息时代、E 时代，互联网已深入社会的各个群体和各个角落，工会主席前所未有地被置于广大职工群众的强力监督之下，稍不注意就可能出现负面新闻。六是来自对心理健康认识不足、重视不够。很多工会主席缺乏心理健康的相关知识，或者在工作和生活中过分强调克制、忍耐，不善于自我调节、自我减压。

二、工会主席如何提高心理调适能力

（一）坚定理想信念

信念是人们在一定的认识基础上确立的、对某种理论主张或思想见解坚信不疑，并积极身体力行的精神状态。人生是硕果累累，还是碌碌无为，全在于拥有什么样的信念。每位工会主席在工作中都会遇到各种各样的困难和矛盾、挫折和失败，在困难和挫折面前是迎难而上，还是临阵退缩，贯穿其中、起决定作用的主要因素就是信念的力量和精神的力量。历史经验证明，胜利产生于再坚持一下的努力之中。经得起各种风浪和考验，在艰辛困苦面前百折不挠，这应该成为工会主席磨炼心志的自觉行动。

工会主席要端正自己对待权力、地位、金钱、利益、政绩等的态度，通过树立正确的权力观、地位观、金钱观、利益观、政绩观等，保持一种健康、平和、淡定的心态，拥有健康的身心。比如，对待权力，权力观的实质是世界观问题。作为工会主席，一定要正确认识和看待自己手中的权力。权力是什么？权力是服务、是责任、是义务。权力和义务、责任是统一的，有多大权力，就要履行多大义务，就要承担多大责任。同时，权力还是一把双刃剑，运用得好，为职工造福；运用不好，自掘坟墓。

（二）学会自我控制心态和情绪

情绪的稳定与乐观是衡量一个人心理健康状况的重要标准，“一种良好的情绪比十剂良药更能解除生理上的疲惫和痛楚”。工会主席一定要善于保持情绪的稳定与乐观，做自己情绪的主人。

一是运用理智的力量，改变不良情绪。首先，要能够尽量回避消极的、不良的情绪。其次，分析不良情绪产生的原因。注意要多找主观原因，少关注客观原因，通过理智冷静分析之后，你的不良情绪大多数情况下都会消除。最后，如果确实遇到可忧、可怒之事，切不可陷入困扰之中而不能自拔，而应该面对现实，正确对待，积极寻求解决办法。

二是合理的情绪宣泄，一吐为快。弗洛伊德认为，压抑不是从根本上处理负面情绪的好方法，要让情绪有适当的宣泄机会。比如，倾诉，找一个适合的对象，家人、朋友或赏识器重你的领导，把心中的不愉快都说出来。当你遇到挫折时或者感到紧张、郁闷时，若能向友人倾诉，即使不能从根本上解决问题，也会大大降低由其带来的负面效应。

三是尝试心理换位，增强同理心。有的不良情绪是由于自己抱怨别人引发的，如果我们换一个角度，站在对方的立场、位置，想想对方的想法、处境、难处，这样就会多一些理解、谅解和同情，自己也就想开了，心情舒畅了，这样往往更能把事情处理好。

四是适时转移兴奋点，调节情绪。当不良情绪特别是愤怒情绪爆发之前，或者是气涌心头之时，设法把注意力引到别的方面去。比如，运动可以使心率加快，促进血液循环，改善机体对氧气的吸收，从而使人精神振奋。再如，欣赏音乐，“音乐是灵魂的妙药”。

五是利用自我暗示，增强意志。当自己处于消极情绪困扰时，通过语言暗示，可以在一定程度上排解不良情绪。例如，盛怒时对自己说“不要发火，发火是解决不了问题的”；烦恼时对自己说“静下心来，想一想，别着急”；冲动时对自己说“忍一忍，忍一时风平浪静，退一步海阔天空”等。

（三）培养健康的业余爱好

心理专家指出：当你的全部世界仅仅是你的工作而无其他时，那么，当你的工作出现问题时，你的整个世界就会彻底地陷落。你的能力感、你的自尊、你的个人定位等都是依赖于你的生活，而你的生活如此狭窄，那么它们就会是动荡、不牢固的。那些只知工作而无任何业余爱好的人更容易感到烦恼、紧张与压力，也更容易出现健康问题。坚持积极的业余爱好对健康生活和健康心态至少有两层重要意义：一是业余爱好可以帮助我们把生活变得全面、完整。二是积极的业余爱好可以帮助我们培育更健康的人格、更良好的心态、更出色的能力，有利于职业发展。

（四）加强学习，多读书

英国哲学家培根说过：“知识能塑造人的性格。”中国古语也讲“三日不读书，面目可憎”。勤读书、读好书，是培养健康心理的良方。书读得多了，知识渊博，心胸就会开阔，人就会变得理性，意志就会坚强，就能跳出狭窄的小圈子，人的性格也会变得稳健。学会用辩证唯物主义观点观察、分析问题，培养实事求是的态度，把“理想的自我”和“现实的自我”区别开来，对自己有正确的认知，从而避免过高估计自己，造成人格上的扭曲。

知识链接

合理变通——有效的心理调适方法

人要参与社会生活，就必须受到一定的社会规范的制约和限制，这就要求个体要根据社会信息及时调整自己，有效化解心理矛盾冲突，尽可能减少心理问题的发生率，使之适应于社会的要求。

人们从接收一定的外界信息到作出相应反应，这中间有一个大脑根据以往的认知，对信息进行加工并产生相应的心理体验的过程，这个过程也是个体心理发展变化的过程。这个过程的完成有三个要素：一是外部信息的刺激；二是已有的心理认知的参与；三是个体心理的自我整合作用。

值得注意的是，人们根据一定的外部信息所作的适应性反应并不总是成功的：个体的心理体验与原有的心理认知不一致，就会导致心理冲突。这种冲突，既是促进个体心理发展、成熟的动力，也可能导致其心理应激（如彷徨、自责、压抑、痛苦、愤懑等）以及相应的肌体反应（如内分泌失调、失眠等），引发心理问题甚至身心疾病。

个体通过对外部信息接收角度和强度的转换，或对原有心理认知在重组、迁移、升华的基础上予以整合，使外部刺激与心理认知互为进退地实现协调一致，以避免心理矛盾冲突激化所造成的心理困境，这就是心理调适的重要方法——合理变通。

合理变通的主要方式可以概括为以下几种：

1. 回避——转移注意力，尽可能躲开导致心理困境的外部刺激。

在心理困境中，人的大脑里往往形成一个较强的兴奋灶。回避了相关的外部刺激，可以使这个兴奋灶让位给其他刺激引起的新的兴奋灶。兴奋中心转移了，也就摆脱了心理困境。

2. 变通——变恶性刺激为良性刺激，酸葡萄与甜柠檬效应。心理学上又叫合理化。就是通过找一些理由为自己开脱，以减轻痛苦，缓解紧张，使内心获得平衡的办法。弗洛伊德指出，常见的合理化有两种：一是希望达到的目的没有达到，心理便否定该目的的价值或意义，俗称酸葡萄效应。二是未达到预定的期望或目标，便提高目前现状的价值或意义，俗称甜柠檬效应，如狐狸吃不到葡萄，就说葡萄是酸的，只能得到柠檬，就说柠檬是甜的，于是便不感到苦恼。心理调适可借用某种“合理化”的理由来解释事实，变恶性刺激为良性刺激。

3. 转视——换个角度看问题，横看成岭侧成峰。因为并不是任何来自客观现实的外部刺激都可以回避或淡化。但是，任何事物都有积极和消极的方面。同一客观现实或情境，如果从一个角度来看，可能引起消极的情绪体验，使人陷入心理困境；如果从另一个角度来看，就可以发现它的积极意义，从而使消极情绪体验转化为积极情绪体验，走出心理困境。

4. 换脑——换一种认知解释事物，更新观念，重新解释外部环境信息，也就是相当于换一个思路思考、解释问题。在个体出现心理矛盾和冲突的时候，可以通过换脑法，减少或消除心理认知与心理体验的矛盾冲突。

5. 升华——让积极的心理认知固着，把挫折变成财富。人的心理问题长期不能解决，往往与他们的消极心理固着有关。如何克服心理固着，有效的方法是进行心理位移，即选择一种新的、高层次的、积极的、利于他人和社会的心理认知固着代替旧有的心理认知固着，从而改变消极的心理状态，这就是心理升华法。“失败乃成功之母”“化悲痛为力量”就是从失败的消极因素中，认识其中蕴涵着的积极因素，使之成为个体奋起图强，取得成功的动力和契机。

6. 补偿——改弦易辙不变初衷，失之东隅收之桑榆。人难免会由于一些内在的缺陷或外在的障碍以及其他种种因素的影响，导致最佳目标动机受挫。这时，往往会采取种种方法来进行弥补，以减轻、消除心理上的困扰。这在心理学上称为补偿作用。补偿，就是在目标实现受挫时，通过更替原来的行动目标，求得长远价值目标实现的一种心理调适方式。

7. 求实——切合实际调整目标。当实现目标过程中受挫时，就会产生心理紧张或痛苦，避免或缓解这种状况的一个有效措施，就是及时切合实际调整自我，并变换实现目标的途径和方法。

人生路上，如果所面对的无法改变，那就先改变自己，只有这样，才能最终改变属于自己的世界。

作者：福建行政学院心理辅导中心主任　黄训美

第13种 时间管理能力

一、时间都去哪儿了

有效的领导者不是从他们的任务开始，而是从掌握时间开始。对于一位工会主席来说，掌握支配时间的能力才是其成功的起点。时间就像一列火车，在既定的轨道上飞速行驶，永不回头，我们无法阻止时间的脚步，只能看着时间从我们身边远去。但是，我们可以把公平地赐予我们的时间充分地利用好，抓紧每分每秒的时间，投入高效率的工作。

在日常工作中，我们常常看到不少工会主席忙于具体事务，不能有效地支配自己的时间，没有时间去抓那些职工群众急需解决的、涉及职工具体利益的重大问题，没有时间埋头学习，没有时间深入基层调查研究，更没有时间为领导决策提供重要的参考建议，每天都被一些具体事务或会议包围着，忙得不可开交。特别是基层工会主席，常常感叹自己的时间不够用，常常被繁重的工作压得喘不过气来。正因如此，面对越来越艰巨的工作挑战，工会主席更需要提高自己运筹时间的艺术以及管理时间的能力，做到合理地安排时间、有效地利用时间，提高工会工作的水平及效率。

工会主席的时间管理能力，主要是指工会主席能够科学、合理、灵活地利用时间，能够对时间有一个科学的认识，挤出足够的时间去处理事关全局的大事，并适当过问次要事项，使工会工作与全局工作和谐同步、全面发展的能力。

善于管理时间的工会主席往往具有以下特点：一是时间观念极强，按时间表行事，办事讲究准时；二是在工作中讲究效率，力求在最短的时间内完成上级交给的工作任务；三是计划性强，合理安排工作的顺序，以求达到最高的效率和最佳的效果；四是以竞争为荣，以奋斗为乐，不安于现状，积极进取，与时俱进。

二、工会主席要学会管理时间

工会主席不仅要认识到时间的重要性，还要进一步提高运用时间的科学性，学会管理时间，主要从以下几个方面着手：

（一）遵循时间管理的原则

一是目标原则。目标管理是现代领导科学的一个基本法则，其具体要求之一就是要按时完成预定的目标。要做到这一点，就必须要根据计划和所要实现的目标合理地安排和运筹时间。遵循目标原则，实现目标的时间限制，一方面可以减少时间的浪费，少走弯路，少做无用之功；另一方面可以增强领导者的时间观念。确定目标并有时间的限制后，会给领导者造成一定的压力，而压力又可以转化为动力，促使领导者在实现目标的过程中最大限度地利用时间，有效地运筹时间。

二是有计划的原则。时间就如同财产一样，也需要有计划地管理。工会主席在管理时间时，最忌讳的就是在工作中没有计划。一位有计划、有目标的工会主席，通常会制定工作计划表，列出长远计划和目前计划。同时目标和计划都应符合工会工作的实际，具有可行性，否则目标不能实现，计划也就落空了。

三是效率至上的原则。管理好时间的一个重要原则就是效率原则。效率原则就是“用最少的时间做最多的事情”。工会主席要最大限度地提高时间的利用率。效率至上的原则主要包含两方面的含义：一是在一定的时间内，精力要集中，工作要见成效；二是要抓住关键时机，使工作见成效。

（二）掌握管理时间的方法

作为工会主席，不仅要珍惜时间，还要学会管理时间。研究表明，成功的领导者都是支配和管理时间的高手。他们一方面能够科学地安排时间，减少时间的浪费，从不虚度光阴；另一方面能够注意在有限的时间内提高自己的工作效能。因此，工会主席要掌握管理时间的方法，才能提高管理时间的能力。具体来说，管理时间的方法主要有以下几种：

一是集中支配法。工会主席要集中主要精力，利用有限的时间去做最重要的事情，切忌不分轻重缓急，全面出击。上班时间是工会主席要重点把握和支配好的时间，要高效率地利用上班时间。上班时间可能充满了工作、文件、会议、突发事件，工会主席要尽量摆脱工作之外的干扰，将主要精力用来处理当天最重要的事务。此外还要通过分析，找出自己的最佳精神状态，尽量把最重要的工作安排在自己精力最旺盛的阶段，提高工作效率。

二是分类安排工作法。工会主席的具体事务很多，为了抓住关键环节，收到事半功倍的效果，就需要精心安排好自己的时间。时间安排可以分为两种：一种是某个时期的计划，包括一周、一个月、一年甚至几年的计划。这种计划只能是粗略的，即大体用多长时间，做好几件重要的事情，对每件事项都制定完成时间。另一种是每天的时间表，这种时间表要制定得详细一些。同时要注意以下几点：第一，把必须参加的活动时间预留出来，如会议等；第二，适当安排到基层活动的时间，包括调查研究、家访、与职工座谈等；第三，要定期检查下属工作的完成情况；第四，要规定每一件工作的完成期限，加强紧迫感，促使自己抓紧时间。

三是成本计算法。对时间的支配也要计算成本，避免做一些劳而无获、得不偿失的事情。要根据工作的性质和所需工作量的大小来计算所确定的时间是否符合实际所需，或所用的时间是否合适，计算时间的单位尽量要小一些，以督促人们抓紧时间工作，减少时间成本。

（三）善用管理时间的技巧

许多工会主席都感叹自己终日忙忙碌碌，可工作成效却不大，究其原因，固然与工作繁杂有关，同时也与不能有效管理时间有关，因此工会主席应努力提高管理时间的能力，善用管理时间的技巧，这对提高工会主席的工作效率是非常重要的。

知识链接

时间“四象限”法

时间“四象限”法是美国的管理学家科维提出的一个时间管理的理论，把工作按照重要和紧急两个不同的程度进行划分，基本上可以分为四个“象限”：既紧急又重要、重要但不紧急、紧急但不重要、既不紧急也不重要（如图所示）。按处理顺序划分：先是既紧急又重要的，接着是重要但不紧急的，再到紧急但不重要的，最后才是既不紧急也不重要的。“四象限”法的关键在于第二类和第三类的顺序问题，必须非常小心区分。另外，也要注意划分好第一类和第三类事，都是紧急的，分别就在于前者能带来价值，实现某种重要目标，而后者不能。

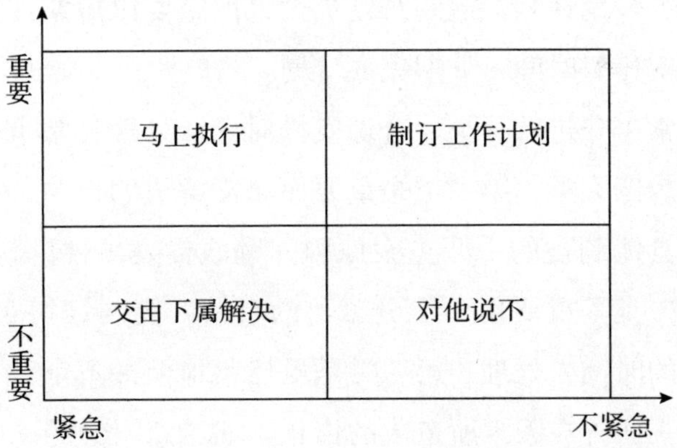

一是制订合理的工作计划，主动支配时间。工会主席在繁杂的日常工作中，如果能有一个良好的工作计划和工作方法，就能大大地提高自己的工作效率。如果他能将每日的工作效率提高一倍，那也就会多一倍的成功概率，而工作效率的提高并不是难不可及的，只要不断地积累经验，善于总结，就可以摸索出一套适合自己的工作方法。一般来说，工会主席要做到主动支配时间，就必须制订合理的工作计划，工作计划可以分为三种，即短期计划、中期计划和长期计划。

短期计划包括从现在起的半年内的计划，中期计划是半年到两年内的计划，长期计划是两年到十年内的计划。短期计划的制订，需要有三个步骤：首先，将短时间内需要完成的工作确定下来；其次，把所有的工作都排列起来，重要的排在前面，次要的排在后面；最后，把各项工作安排到每日的日程表中去，日程表的制定是为计划服务的，只要完成每日的日程表，那么计划也就完成了。有些工会主席无论工作多么忙碌，总能将其安排好，逐一完成，就在于其灵活地安排了自己的日程表，即以重要的事情为中心；将相互关联的工作归类在一起；工作的安排适应自己的生物钟周期；准确估计完成工作的时间；对日程表中没有的事项适当予以控制；非常注意掌握开会的时间及与来访者的会面时间。

中期计划的时间范围是半年到两年内。中期计划的完成需要更长的时间，因此在短期计划的基础上，要将眼光放长远一些，根据预定的目标，逐项进行安排。长期计划的时间跨度更大，但它要以短期计划和中期计划为基础，合理安排好时间，分期完成计划。

二是将日常事务进行分类，合理安排时间。处理日常事务时，可以将繁杂的工作分为四大类：第一类是重要而急需解决的事情，比如涉及企业生产以及职工具体利益的一些重大原则问题或突发事件，就要抓紧时间，重点处理；第二类是重要但不十分紧迫的事情，要制订切实可行的计划，保证安排足够的时间去处理；第三类是虽然紧迫但并不十分重要，这些事情往往是由于一些外在因素所造成的错觉，如紧急召集的一些不必要的会议、不速之客的造访等；第四类是既不急迫又不重要的事情，比如办公室的闲聊及无谓的应酬等。因此，只有将日常事务分类管理，并按照轻重缓急合理安排时间，才能有效地提高工会工作的整体水平。

三是节约时间，避免浪费。如何有效地节约时间，防止时间的浪费，是提高工会主席时间管理能力的重要方面。节约时间是要求全方位地进行节约，无论是在个人生活，还是在工作中，都存在浪费时间的现象。时间的节约会因人而异，有的人能够巧妙地节约出大量的时间，而有的人虽然有时间观念，却总也赶不上时间的脚步。这是由个人不同的素质所决定的。例如，惰性就是原因之一，如果一个人惰性很大，虽然有强烈的时间意识，但如果惰性占了上风，同样是时间的落伍者。

在现实的工会工作中，浪费时间的因素主要有以下几个方面：一是过分注意琐碎的事情。在时间的支配上，细心是优点，但在工作上过分注重琐碎的事情，求全责备，就会导致大量时间白白浪费。二是外部的干扰。在很多情况下，完不成预定目标，就是因为受到的干扰太多。综合起来，所有的干扰不外乎有三种情况：来自上级的干扰，来自下属或同事的干扰，来自外来客人的干扰。这些都需要工会主席运用灵活而又智慧的方法予以解决。为了避免时间的浪费，更好地节约时间，工会主席要充分利用现代科技的发展给办公带来的有利条件，不断提高自己的工作效率，能打电话就不必写信，能录音就不必记录，能发传真就不必邮寄，能复印就不必手抄，能用机打就不用手写，能发电子邮件就不用邮政传递，等等。此外，还可以充分利用既节省费用又节约时间的电视会议和网络办公。

此外，工会主席要在实际工作中节约时间，避免浪费，还有以下方法可以借鉴：一是保持办公环境有条不紊。工会主席要将办公室布置成一个高效率的场所，将办公室划分为三个空间：工作区，即每天执行工作的区域；储藏区，即存放所需资料或文件的区域；接待访客区，即接见来访客人及交谈的区域。二是善于委托权限工作。一个人的能力和时间是有限的，工会主席要善于委托权限，将一部分工作委托给下属去做，既可以调动他们的积极性，也可以将自己的时间集中起来投入更重要的工作中去。三是提高自己听、说、读、写的速度，这是一个高素质的工会主席必备的能力。无论是处理大量文件、开会还是下基层调研，都需要工会主席具备全方位的政治理论和文化素养，只有这样才能实现工作的高效率，并在实践中节约时间，避免浪费，增强时间的有效性。

领导能力篇

LINGDAONENGLIPIAN

第 *14* 种 领导能力

一、从领导能力到领导力的提升

一般说来，领导能力与领导力几乎是同义语，二者没有根本区别，可以在日常生活中通用，但从严格意义上说，领导能力与领导力之间既有联系又有区别。工会主席的领导能力是其履行工作职责所需要的一般技能和素质，包括战略思维能力、决策用人能力、沟通协调能力和思想政治工作能力等。工会主席的领导力是其对职工群众施加并为职工群众自觉接受的正向的、积极的影响力和凝聚力。领导能力是个静态的、相对狭义的概念，而领导力则是一个动态的、内涵更广的概念，它包含领导能力但又不局限于领导能力。

第一，领导能力强调大小强弱，本身并没有明显的方向性。而领导力是一种矢量，它是一种正向的、积极的影响力，它既有大小又有方向，还强调着力点和受力的对象。同一个工会主席的领导能力作用在不同职工对象身上，其领导力是明显不同的。

第二，领导能力强调工会主席本身的技能和素质，其大小与职工群众的接受程度没有多大关系。而领导力突出工会主席与职工群众之间的双向互动和相互作用，领导力的大小不仅取决于工会主席的作用，而且取决于职工群众的反作用，更取决于职工群众认同和接受领导的程度。

第三，领导能力具有相对稳定性，工会主席一旦拥有某种领导能力，一般来说在相当长的时间段内变化不大。而领导力则与领导情境密切相关，它强调领导力大小的动态性，是因职工群众的不同和所处领导情境的不同而随时变化的。有的工会主席在正常时候领导力可能很强，但在危急关头领导力则可能变弱。

第四，领导能力与领导职位相关，常常与工会主席的权力画等号，因此领导能力的内涵相对单一。而领导力是职位权力和非职位权力的叠加，职位权力即硬权力是领导力的基础，非职位权力即软权力对领导力有放大和提升作用。领导力既与领导权力和领导能力相关，又与领导魅力和领导魄力相连。

第五，领导能力一般特指工会主席具有的领导才干和素质。而领导力不仅属于领导者，普通职工群众也不同程度地拥有领导力。领导力强调的是对他人的影响力和凝聚力，是每个人都可以拥有的。此外，领导力是可以学习的，它是在实践中人们能感受到的有形和无形的影响力。领导力的随处可见正在给我们的社会注入活力，带来进步。

二、做好工会工作需要领导力

工会主席要做好本职工作，离不开领导能力，更离不开领导力的修炼和提升。领导力要顺应治理之“理”。领导力之“理”是道理之理、法理之理，要讲清楚为什么要做这件事的道理，讲清楚做这件事的利弊得失；领

知识链接

柔隐领导

“柔隐领导”通常是以追随者为中心，领导者主要通过榜样示范、价值引领、法治引领、营造情境、提供服务等领导方法和艺术对追随者施加间接和无形的影响力，使得追随者不知不觉接受了领导者的领导。

导力之“理”是条理之理，分清轻重缓急，排好优先顺序；领导力之“理”是伦理之理，治理和领导力要追求社会的公平和正义；领导力之“理”是情理之理和心理之理，要关注职工群众的情绪心理，才能赢得他们的认同。

领导力要又领又导，会领善导。“领”是带领率领，领方向，领队伍。“导”是善于引导，重在事前定目标和方向，激发组织成员的斗志；是善于辅导，重在事中进行业务工作的辅导；是善于督导，即事后的检查监督，跟进反馈，以提高领导工作的绩效；是善于教导，重在提升组织成员的能力和素质，重在人才的培养。多理善导就要把理论和实际结合起来，在厘清工作头绪的基础上用柔隐的方式去引导组织成员满怀激情地投入各项工作中。

简单来说，领导力要发挥带领和引导两个作用。往哪儿带领需要决策力，如何引导需要影响力，这是领导力的两个要素，用公式表示：领导力 = 决策力 × 影响力。因此，领导力的基本构成就是决策力和影响力。带领求方向，是决策力；引导聚力量，是影响力。领导力是决策力和影响力的综合，二者缺一不可。

领导重在决策，决策重在选择，在限制中选择。进一步而言，选择重在创新思维，重在打开思维的空间，打开选择的空间。领导决策之前要充分发扬民主，深入基层实际进行调查研究，多听听专家、下属和职工群众的意见。同时，领导决策又要善于抓住机遇，当机立断。领导决策需要信息和知识，更需要胆识、智慧和勇气，关键时刻更需要责任意识和担当精神，需要魄力和决断力。领导决策的难点和重点在于决断。此外，工会主席还要善于根据自身职责主动站在全局的立场为上级出谋划策。

领导决策要求工会主席必须善于战略思维、法治思维、创新思维、系统思维、历史思维、辩证思维和底线思维。要坚持问题导向，一切从实际出发，在决策前多调查研究，善于协商民主，坚持民主决策、科学决策和依法决策相结合，坚持决策的顶层设计和基层探索相结合。

领导影响力重在激励和凝聚两个环节，前者重在动力，后者重在合力。领导的激励和凝聚需要处理好授权与用权的关系，一方面要简政放权，另一方面又要用好权力。工会主席既要用好硬权力，又要善用软权力，激励凝聚需要沟通认同，需要协商民主，这都需要软权力。硬权力是领导力的基础，要严用硬权力，慎用硬权力；工会主席还要下大功夫修炼提升自己的软权力。如果说决策力需要工会主席的魄力，那么影响力则需要工会主席的魅力。

领导力强调硬权力和软权力的结合，用公式表示：领导力 = 硬权力 × 软权力。传统的领导能力几乎等同于职权即硬权力，而现代治理语境中的领导力更多地依赖软权力。硬权力是外在的、法定的、有限的、强制性的，带来的只能是下级对上级的服从，它是一个“常量”，不管你的能力大小，只要居于同一职位就几乎具有相同的硬权力。软权力是内在的、个人的、无限的，它是一个“变量”，带来的是职工群众对工会主席发自内心的认同，强调的是主动性和自觉性。软权力来源于工会主席的品德高尚、作风过硬、能力超群、经验丰富和绩效超优等与个人相关的多种因素。

三、工会主席领导力的修炼与提升

“打铁还需自身硬。”全面深化改革开放，推进工会治理现代化，对工会主席的领导力提出了更高的要求。领导力的修炼既是工会主席治理能力提升的过程，又是工会主席成长成才的过程。

（一）三德修炼

孔子认为，君子应“仁者不忧，智者不惑，勇者不惧”。换言之，工会主席要修炼三德，即仁德、智德和勇德。这里的仁德强调工会主席的作风，是广义的情商；智德强调工会主席的能力，是广义的智商；勇德强调工会主席的责任意识和担当精神，是广义的胆商。

一是工会主席的仁德修炼。仁者爱人，工会主席心中要有大爱，爱工会、爱职工，要有“绿我涓滴，会它千顷澄碧”的大仁大爱信念和全心全意为职工群众服务的宗旨情怀。仁德的重点是信念坚定，是为职工群众服务，是清正廉洁，是作风优良。仁德是广义情商的概念，主要包括两个方面的内容：一是仁者不忧，二是仁者爱人。所谓仁者不忧，强调的是工会主席通常富有自信，能始终保持积极向上的阳光心态和奋发有为的进取精神，重在自我管理和自我激励。所谓仁者爱人，强调的是工会主席要关心他人，不仅关心单位和工会的发展，而且关心社会和国家的进步，重在了解他人和影响他人。广义情商主要是工会主席在情绪、作风、道德和意志等方面的品质，主要体现在工会主席既能够自我管理和自我激励，又善于把握他人情绪和影响他人，处理好自己和他人关系的综合能力。毫无疑问，工会主席只有具备高情商，才能管得住自己，管得住身边人，才能够坚定理想信念，大仁大爱，服务好并带领好职工群众。因此，二者在本质上是一致的。领导力的本质是感召力，是影响力。因此，工会主席更需要积极进取、开拓创新，不用扬鞭自奋蹄，有效地传递正能量，激励广大职工群众奋发有为、积极向上。

二是工会主席的智德修炼。智德修炼的重点是能力建设，是决策水平的提高，是勤政务实，是把中央精神和单位实际相结合，创造性地开展工会工作。工会主席要有机遇意识，知道什么该做什么不该做，知道什么时候该做什么事，善于取舍，把握机遇。坚持原则性和灵活性的统一，既要深刻领会中央和工会的施政理念、方针和政策，理解世界和国家发展的大势，把握住发展的方向和战略，毫不动摇；又要了解本单位的实际情况，有什么优势和劣势，有什么机遇和挑战，注重从实际出发，因地制宜、因时而变，创造性地开展工作，关键在于取得职工群众满意的实效。

三是工会主席的勇德修炼。勇德修炼要求工会主席要有胆有识，敢于担当，不惧怕责任、压力和风险。勇德的重点是担当精神，重在敢于担当，重在责任意识。真正的工会主席就是工会工作责任、困难和风险的担当者。敢于担当是大智和大勇，是见识和胆识，是责任和使命。有的工会主席对事情看得清清楚楚、明明白白、透透彻彻，但总是患得患失、关键时刻优柔寡断、犹豫不决、无法决断。工会主席不能怕担风险，更不能怕担责任，工会主席一定要有强烈的担当精神和巨大的政治勇气。

（二）加强学习，加强实践锻炼

要成为一名优秀的工会主席，一靠自身努力，二靠组织培养。工会主席自身努力的重点是加强学习，要重点学习马克思主义基本理论、中国特色社会主义理论体系、工会理论；还要学习近代史、党史、工运史，学习法律、政治、经济、科技和文学等多方面的知识，学习领导科学理论和领导方法，掌握领导活动的特点和规律，了解领导干部的成才之道，尽快地从领导活动的必然王国走向自由王国。

组织培养的重点是加强实践锻炼。实践锻炼意味着工会主席要在实践中经受考验，提高才干，磨炼意志，增强担当，赢得职工群众的认同与感情，提升自己的才干、意志和担当。

第15种　战略思维能力

一、战略思维，工会主席的必修课

所谓“思维”是指人们在实践基础上，运用感性认识材料，经过概念、判断、推理等形式，形成合乎逻辑的理性认识，这是人类特有的一种精神活动。而战略思维，从定义上说，是思维主体对关系事物全局性、长远性、根本性重大问题的谋划，是以人的世界观、方法论、知识经验和思维方式为基础，为完成特定的战略目标对有关信息进行加工处理的思维活动。

战略思维具有以下四个特征：一是战略思维具有长远性、前瞻性。战略思维是立足现实、面向未来的决策，它要面对事物长期的问题。二是战略思维具有全局性、整体性。要求人们从大局、从宏观和全局考虑问题。三是战略思维的重点性、关键性。重点性是针对系统整体中的局部，但不是一般的局部，而是起关键的决定性作用的局部。四是战略思维的创造性。战略思维的创造性集中体现为领导者能推出新思想，提出新认识，发明新方法，制定新的切合事物变化发展规律的战略目标和规划。

当今世界，由于科学技术的不断进步，经济的迅速发展，经济全球化、政治多极化、社会信息化已成为不可抗拒的历史潮流。与此同时，也带来了社会活动的巨大变化，具体表现为三大特征：一是社会活动越来越复杂。二是社会活动越来越多变。三是社会活动影响越来越大。一个工会主席如果没有政治头脑、没有政治的坚定性和敏锐性，是非常危险的。当前，一些工会主席不注意培养自身战略思维能力，对重大实际问题不进行战略性的思考和研究，从而在工作中出现这样或那样的问题，主要表现在：只见树木，不见森林；只顾眼前，不顾长远；“一刀切”；非此即彼，顾此失彼。

关于战略思维，有的工会主席可能会说，总揽全局的战略思维是中央领导同志的事，是大领导的事，他们应当成为战略家；而工会工作，处于局部地位，做的是具体的事务，何以有必要提高总揽全局的战略思维能力呢？其实不然。因为，第一，全局和局部的区别是相对的，不是绝对的。即是说，相对全局而言，你是局部的，相对你所管辖的部分而言，你又是全局的，也有一个总揽全局的问题。因此，工会主席也应当具有战略思维能力。第二，即使从工会主席所处的局部地位来说，也需要了解全局，具有全局意识。只有增强全局意识，了解战略大局，才能自觉服从大局，自觉在大局下行动，为全局的发展做出应有的贡献，而不是妨碍大局甚至危害大局。

二、战略思维的基本要求和基本原则

战略思维的目的，就是把握全局，驾驭全局，追求全局的整体利益。全局与局部的关系、重点与一般的关系、当前与长远的关系，是战略思维关注的内容。工会主席在进行战略思维时，一是必须掌握战略思维的基本要求，二是要坚持战略思维的基本原则。

（一）战略思维的基本要求是一切着眼全局

战略思维的基本要求是一切着眼全局，即把全局作为观察和处理问题的出发点和落脚点，以全局利益作为最高价值追求。当局部利益同全局利益发生矛盾时，要毫不犹豫地使局部服从全局。其具体内涵主要包括以下三个方面：一是对工作必须由全局谋划，即整体和长远谋划，不可陷入事务主义。二是判断是非得失必须以全局利益作标准，不可因小失大。三是在事关全局的问题上必须旗帜鲜明，不可随波逐流。

（二）战略思维必须把握重点

每一局部在全局中都有其特定的地位和作用，但这些地位和作用是各不相同的。有的是一般性的，有的是比较重要的，有的是最重要的，有的是具有决定意义的。因此，在总揽全局的时候，不可平均使用力量，而必须把握重点。所谓重点、有决定意义的问题，大致有三类：一是主要矛盾和中心任务。它决定战略主攻方向，对全局的发展起主要的决定作用。二是重大矛盾和战略布局。主要矛盾规定了工作的战略主攻方向，但主要矛盾不是唯一矛盾；围绕主要矛盾还有一系列重大矛盾，它规定了工作的战略布局，二者之间相互联系、相互作用，共同推动全局的发展。三是关键环节和工作的着力点。构成全局的各个局部在发展中是不平衡的，有些局部比较薄弱，有的局部最薄弱，这些薄弱环节中的某些重要环节便成为制约全局发展的关键环节。善于抓住并着力解决这些关键环节，是加快推动全局发展的必要条件。

（三）战略思维要求统筹兼顾

强调重点不是否定一般，而是为了更好地带动一般。这就要求在突出重点的基础上，统筹兼顾各个方面。一是对实践客体，即我们工作对象的各个方面，要统筹兼顾，不可挂一漏万、顾此失彼。二是对实践主体，即职工群众利益的各个方面，要统筹兼顾，不可只顾部分人的利益而不顾其他人的利益，更不可不顾多数人的利益。

（四）战略思维需要开阔视野

系统作为整体不但在内部包含诸多要素，而且在外部同周围环境紧密联系，其发展变化总是受到周围环境的影响。因此，总揽全局的战略思维要求战略指导者眼界要十分开阔。现在的世界是开放的世界，中国的发展离不开世界。在当代中国，进行战略思维必须具有开阔的世界眼光，深刻把握时代特征和世界潮流。不了解中国国情，会脱离中国实际，固然做不好中国的事情；不了解世界，就落后于时代潮流，也做不好中国的事情。

（五）战略思维需要有预见性

战略思维是立足现在展望未来，由当前的阶段看到下一个阶段，具有阶段性和预见性。阶段之间既相互区别，又相互联结。所谓预见，就是见微知著。有了科学的预见，才能胸怀远大目标，才能关照好发展的各个阶段，才能未雨绸缪、争取主动、防患于未然。工会主席必须有预见性。确立战略目标，那是一种预见；规定实现战略目标的阶段，那是预见；准备采取的战略措施，那是预见。战略思维在本质上是预见思维，没有预见就没有战略。

（六）战略思维要求抓住机遇

在事物全局的发展中，由于各种条件所决定，常常出现加速发展或实现质的飞跃的可能性，对实践主体来说，这就是机遇。机遇既十分宝贵，又十分难得。工会主席应当抓住机遇，用好机遇。当前，从全球范围看，科学技术越来越成为推动经济社会发展的主要力量，创新驱动是大势所趋。机会稍纵即逝，机不可失，时不再来。工会主席必须增强忧患意识，紧紧抓住和用好新一轮科技革命和产业变革的机遇，不等待、不观望、不懈怠。

三、提高战略思维能力的途径

（一）增强全局观念

对工会主席来说，战略思维能力是综合性素质，但其中最关键的要素是增强全局观念，树立大局意识。全局意识要求工会主席处理好局部与全局、眼前与长远的关系。作为工会主席，既不能拘泥于局部，夸大局部，又不能为了全局的利益而忽视局部的积极性，而是应该统筹兼顾，着眼全局。工会主席要全面统筹工会工作，相对党的群团工作来说，这是局部；相对工会各项工作来说，这又是全局。因此，工会主席一方面要使自己的工作自觉地服从工作全局，为全局形势的改观做出自己应有的贡献，另一方面又要善于驾驭自己工作的全局，调动和协调方方面面的力量。

（二）通过理论武装和知识增量，提高战略思维水平

战略思维并不是每个人天生具有的，对工会主席来说，必须通过学习来提高理论思维和战略思维。注重理论武装，以丰富的理论修养与知识素养做支撑。一是学习关于战略的理论，包括马克思主义战略理论、中国古代战略思维的精华和西方战略理论。二是注重知识积累与更新，努力拓展知识面。要从三个方面优化知识结构：其一，马克思主义基本理论要“精”；其二，社会主义现代化建设基本知识要“广”；其三，专业知识及相关知识要“深”。三是通过学习和思考培养三种思维：其一，要在掌握科学理论中培养理论思维；其二，要在掌握哲学观点中培养辩证思维；其三，要在掌握科技知识中培养创新思维。

（三）实践是提高工会主席战略思维能力的根本途径

古人云，纸上得来终觉浅，绝知此事要躬行。战略思维能力只有在工会主席的工作实践中才能形成并提高。工会主席提高战略思维能力，不是为了独善其身、孤芳自赏，而是为了解决工会工作中的实际问题，更好地为职工群众服务。工会工作是具体的，不是抽象的。战略思维能力是否有所提高和提高的程度大小，必须以具体的工作实践成效好坏作为检验标准。工会主席要积极投身社会实践活动，向生动活泼的社会实践学习，向实践的主体职工群众学习。职工群众中蕴藏着无穷的智慧，任何时候都不能低估。

第16种 管理能力

一、管理能力题解

“政治上靠得住，工作上有本事，作风过硬”是新形势下选拔各级工会领导者的重要标准。这一标准体现了时代发展的要求，符合工会事业发展的需要。所谓工作上有本事，就是指工会主席应当具备较强的领导与管理能力和体现这一能力的较好工作水平。作为现代工会领导者，工会主席必须加强管理能力的修炼，提高管理能力的水平。

工会主席的管理能力，是指工会主席作为工会组织的重要管理者所应具备的职业性管理才能。它不是指普通生活中的一般性管理技能，而是工会主席搞好工会领导工作所必须依赖的职业领导能力之一。具体而言，就是指工会主席对工会组织及其工作机构的运行指挥操作和控制操作，从而以最佳状态实现运行目标所表现出来的领导和管理的本领。从这个意义上说，工会主席既是工会组织的领导者，同时又是工会组织的主要管理者。

工会主席为实现工会目标和完成既定任务，就要对工会机构的运行进行正确指挥和有效控制，使机构各部门及成员的动作协调有序、合乎规范。因此，工会主席管理能力的运用具有如下特点：第一，系统性。即运用系统性理论和系统思维，采用系统工程原理，进行系统管理。第二，科学性。即广泛采用现代自然科学和社会科学新成果，运用现代管理方法和手段。第三，人本性。即重视人才，注重人才开发、选拔、培养和合理使用；重视行为科学的研究和应用，充分调动人的积极性和创造性。第四，创新性。即为了提高效率，加强管理，不断改革完善工会领导体制、领导方式、领导方法、机构设置和运行机制，在创新中提高管理水平。第五，规范性。即工会主席的管理活动都是依法并按严格的规章管理制度进行，因而具有规范性和严肃性。第六，权威性。即工会主席的领导身份、领导职权，决定了他在从事工会管理工作时，具有较强的权威性。第七，民主性。即工会主席从事工会管理工作，要广泛听取会员、职工群众乃至专家的意见，真正实行民主办工会、群众办工会，克服行政化倾向。

知识链接

管理的五个要素和十四条原则

研究科学管理的重要代表人物法约尔提出了管理的五个要素和十四条原则。管理的五个要素是：计划、组织、指挥、协调、控制。管理的十四条原则是：实行分工与协作；权力与责任要相适应；命令要统一；指挥要统一；集权与分散要合理；工作运行要有秩序；注重纪律；组织层次要严整，又要建立必需的横向联系；人员要稳定；个人利益要服从集体利益；报酬要公平合理，有利鼓励先进；鼓励职工发挥创造力；平等公正；培养团队精神。

工会主席管理能力的功能与作用主要体现在以下几方面：

第一，它可以使工会管理系统中各种因素有效、合理地组织起来，齐心协力地共奏华章。这些因素主要是人、财、物三个方面。高效的工会主席管理能力，能把不同素质和水平的工会管理人员，通过科学设置机构，以最有效合理的方式组织起来，使每个人都有明确的职守、权限和责任，都能发挥各自的长处和主动精神。同时，财和物也要能够各尽其用。

第二，它可以使工会管理流程通畅，保持高效运行。工会管理是一个不间断的流动过程，是若干个环节衔接在一起的一个统一体。高效的工会主席管理能力，能通过有效控制，使这一流程系统保持畅通。工会管理流程一般可分为两个方面：一方面是管理人员和财物的流动，可以统称为物流；另一方面是工会信息的产生、传递和处理过程，包括情况汇报、意见交换、指示、决策、行文的下达和执行结果上报、与工会外部的交往等，这些都构成了工会管理中的工会信息流。物流和信息流息息相关，特别是工会信息传递如果不及时、不准确，整个流程都会受到阻塞，造成管理失误。为了保证工会管理流程通畅，工会主席就需运用较强的管理能力来努力使流程缩短，以提升管理效率。

第三，它可以保障实现工会管理目标，产生综合社会效果。工会管理活动具有很强的目的性，即要保证实现工会工作的目标和产生良好的综合社会效果。同时，工会管理活动又必然要有各种形态的、物质的和非物质的消耗，包括时间的消耗，一切工会管理活动都应体现这样一个基本原则，就是以最小的消耗来换取最大的综合效果，包括最优的时间利用。因此，社会综合效果与管理综合消耗比例之正反，正是衡量工会管理效率、包括衡量工会主席管理能力高低的重要标志之一。

提升工会主席管理能力具有重要意义：

首先，它是工会主席实施有效管理的必备前提。工会主席实施工会管理的主要内容和任务就是组建一套科学合理的工会组织机构，把工会各种人、财、物等资源科学有效地组合管理起来，以便更加协调一致地保证工会领导决策的顺利实施、工作目标的顺利实现和任务的顺利完成，使工会各种人、财、物等物质条件都能充分发挥作用。而要实现上述工会管理内容、管理任务和管理目标，工会主席具有并充分发挥较强的管理能力是必不可少的前提条件。

其次，它决定着工会管理活动的方向。任何工会管理活动都有一定的目标，而目标是由工会主席和工会管理机构制定的。没有目标，工会管理活动就失去了方向。方向是否正确，即目标制定得是否科学，又取决于工会主席和工会管理机构的管理能力，它包括业务知识水平、对工会工作的认识程度及管理水平。因此，工会主席只有具有较强的管理能力，才能制定出正确的工作目标，引导工会管理活动朝着成功的方向前进。

再次，它制约着工会管理活动的效率和效果。工会管理目标能否实现，取决于工会主席和工会管理机构的管理效率和效果。工会各项管理，从根本上说要靠广大工会干部和职工群众的共同努力，但是工会主席作为工会管理的领导者，起着十分关键的作用。没有工会主席的有力指挥、科学组织和严格监督，工会管理目标是不可能实现的。这里最根本的问题，还是取决于工会主席管理能力的强弱。所以，工会主席具备较强的管理能力，对提高工会管理活动的效率和效果十分重要。

最后，它有利于推进工会组织体制、管理方式和运行机制的改革与完善。理顺工会组织体制和运行机制，是工会自身建设的重要任务，也是工会主席管理活动的一项重点内容。做好这项工作，需要工会主席有较强的管理能力。工会主席只有着眼于新的实践和发展，善于总结行之有效的新经验、新做法，从实际出发加以规范和完善，并坚持按照“精简、统一、效能”原则设置组织体制和机构，才能不断探索和形成工会组织科学民主、高效务实的运行机制和自上而下的服务体系，实现组织体制更加科学、职能配置更加合理、部门关系更加顺畅、人员编制更加精干、工作更加规范高效。

二、工会主席管理能力提升四步曲

由于工会主席担负着特殊的职责，因此，对他的素质和能力也就有着特殊的要求。提升工会主席管理能力应着力于以下四步：

（一）树立现代工会管理的观念

工会管理观念是工会管理规律在人们头脑中的正确反映，它是工会管理原理、管理原则、管理方法等的思想升华，是指导工会主席管理活动的灵魂。工会主席要提升管理能力，首先就要解决观念问题。

一是人本观念。即以人为根本，旨在调动人的主动性、创造性和积极性的工会管理观念。二是系统观念。所谓系统是指由一个共同目标联系起来的许多要素组成的有机整体，每个要素既相互独立，又相互依赖，有着密切的内在联系，共同存在于系统之中。正是客观事物存在普遍联系的现实，要求工会主席全面地、完整地而不是孤立地、片面地去认识事物、处理问题。三是择优观念。即充分利用可以利用的条件，采取科学合理的管理方式和方法，以尽可能少的投入取得尽可能满意的管理效果。四是战略观念。管理的战略观念，是指工会主席从全局和长远出发，对工会管理过程进行总体谋划的工会管理观念。五是权变观念。即以权变理论为基础，寻求在不断变化着的内外部环境中，采取最适宜的管理措施，以取得较好的管理效果。六是民主与法制观念。民主观念就是对民主的性质、内容和作用、意义的看法；法制观念就是对国家法律制度以及按照民主原则实现国家、工会事物管理法律化与制度化的看法或意识。七是开拓创新观念。即要有勇于破除传统观念和各种陈规陋习的束缚、锐意开拓进取、大胆探索改革的途径与方法的精神和意识。

（二）掌握现代工会管理原理

现代工会管理原理是从工会大量的管理活动实践中总结提炼出来的，反映工会管理活动的一般规律，具有一定普遍指导意义，贯穿于工会管理活动的全过程，是工会主席管理能力的重要构成要素，工会主席必须认真学习、研究和掌握。

一是人本原理。即在工会管理活动中一切从人出发，以人为本，重视人的因素。二是系统原理。即要把工会管理过程看作一个由各环节相互联系构成的有机系统整体，从全局的、系统的角度进行把握，以增加和扩大其整体功能。三是效率和效益原理。即工会管理活动的目的，就是通过各种管理活动，为有效地实现预期目标，创造出最佳效率与效益，为此就要注意投入产出比。四是统筹原理。即通过对工会管理全系统行为的统筹活动，使本系统的各种要素都围绕着全系统的统一目标，充分发挥各自的功能，以实现全系统的整体优化。五是封闭原理。即在工会组织管理系统中，上层的决策中心和下层的执行机构、监督机构与反馈机构，必须形成一个连级封闭的回路，才能实施有效的领导和管理。六是整分合原理。即分工合作原理，就是要在明确分工的基础上进行有效的合作。七是能级原理。能级是指人们工作能力的等级，能级原理就是指在工会管理活动中，把工会管理人员的工作能量或能力进行必要的分级，不能吃“大锅饭”，从而使具有不同能级的人才，都在各自相应能级的不同岗位工作，以便真正做到各尽所能、各尽其才，充分发挥全系统的整体效能。八是动力原理。即工会主席在实施领导和管理过程中，要善于运用各种有效的手段和方法，形成一种强大的推动力，以保持全系统整体事业持续不断地向前发展。九是弹性原理。工会主席在进行决策、制订规划和计划及其他实施方案并付诸实施时，都必须要注意留有必要的余地，以保持应有的弹性，适应可能发生的变化，或者由于主观认识的局限性所造成的主观与客观的差距，以增强决策、实施的应变能力，从而更有效地进行动态领导管理。十是调控原理。就是要对工会管理活动进行系统控制，以维持其整体各部分或各方面的平衡，使这个整体真正得到顺利和健康的发展。

（三）善用现代工会管理的方法

工会主席提升管理能力，就要努力掌握和善用现代工会管理方法艺术。在现代工会管理方法分类中，通常把以定性为主的方法称为定性管理方法，把以定量分析为主的方法称为定量分析方法。工会主席要掌握的定性分析管理方法主要有经济方法、法律方法、行政方法和社会心理方法等；定量管理方法主要有预测方法、决策方法、计划方法等。定性管理方法与定量管理方法相结合是现代工会管理的发展趋势。除此之外，还要掌握相关工会管理艺术，如用人、宣传鼓动、激励、人际关系、公共关系、提高效率、节约时间、信息运用等。

（四）努力提高增强管理能力所需的基础素质

工会主席作为领导者、管理者的素质是指其在先天生理的基础上，通过后天的学习、教育和实践锻炼而成的、在其领导管理工作中经常起作用的那些内在要素。其中与提升管理能力密切相关的基础素质有政治素质、品德素质、知识素质、业务素质等。工会主席要不断努力去提高这些素质，以夯实提升自身管理能力的基础。

第17种 预测能力

一、预测能力的必要性

预测能力是现代工会主席必备的重要能力之一。现代工会活动环境的复杂性、工作内容的多样性、发展的目的性等因素，都决定了工会主席在日常工会领导工作中，必然会遇到大量预测问题，这就要求工会主席应具有较强的预测能力，并通过发挥这种能力，对工会工作的发展趋势作出科学预测，以增强把握客观规律的自觉性、减少盲目性、规避风险性。总之，不断提升预测能力是现代工会主席必须重视的重要任务之一。

工会主席的预测能力是指工会主席在科学理论的指导下、在科学知识的基础上，依据工会过去和现在的数据和资料，借助一定的技术手段，遵循一定的科学程序，通过思考、设想、分析，对工会工作未来发展变化的数值、趋势、状况和后果进行估算和推测的能力。工会主席预测能力的发挥具有如下特点：一是科学性。即运用调查、统计资料、科学程序、方法乃至数学模型，取得预测的数值和结果。二是近似性。即由于受许多随机因素的影响，预测的结果往往与实际发生的结果有一定的偏差。三是局限性。即预测主体和预测对象受到主客观环境的影响和制约，如预测主体即工会主席的心理素质、知识与经验水平，使用的预测方法、手段；预测对象的复杂性、随机性和不确定性等，常使预测结果不能或不完全能表达事物发展的整体和全过程的情况发生。所以预测得正确与否，就取决于这些相关因素。

提升工会主席预测能力具有重要意义。

第一，它是提高工会主席预见性的重要途径。邓小平同志曾提出领导干部应具备的素质有原则性、系统性、预见性和创造性。预见性既是新形势下对工会主席的必然要求，也是衡量工会主席是否合格的重要标准。而工会主席要增强预见性，就需要通过勤奋学习和实践，不断提升自身的预测能力。唯有如此，工会主席才能对工会工作的发展方向、趋势和所要达到的目标，作出科学预测，从而增强把握工会工作客观规律的自觉性，减少盲目性、规避风险性，趋利避害地因势利导，把工会工作不断推向前进。

第二，它是工会主席科学决策的前提。预测能力作为一种科学的预言能力，对于工会主席决策有着十分重要的作用。预测是科学决策的基础，预测能力的正确运用，能为决策提供有科学根据的假设和判断，帮助工会主席确定工会领导活动的目标，选择最佳实施方案，并事先评估决策产生的后果和影响。一切有效的领导活动，都是正确决策的结果，正确的决策来源于正确的判断，而正确的判断又来源于对未来所作的科学预测。有效的、富有创造性的领导活动，其起点就是领导者对未来进行合理的科学预测。预测作为一切领导活动的起点，在工会主席的领导工作中，起着指示器的作用，而做好预测工作的前提条件，就是必须不断提升科学预测能力。

第三，它是实现正确指挥和行动的保证。工会主席实施正确的指挥和行动必须进行预测活动。工会工作是一个复杂的系统工程，其运作要受到工会内外各种因素的影响，发展方向及其目标、结果都可能存在变数，这就需要工会主席在领导、组织开展工会工作时，先要充分发挥和运用预测能力，对其基础、条件、环境及可能遇到的问题作出正确估计，对其发展方向和可能出现的结果作出预测。这种预测做得越周全、越缜密，工会主席领导指挥工会工作的行动就越顺利，工会工作就越发展，其结果就能越接近实现较好的预想。反之，工会主席预测能力不强，运用不利，就会由于预测失误而导致指挥失误和行动错误，给工会工作造成不应有的挫折和损失。

第四，它能激励工会干部和职工群众增强胜利的信心。高水平的工会主席十分注意预测，并及时将结果告知有关工会干部和职工群众，使之看到光明的前途，鼓舞起胜利的信心和力量。所以，从这个角度看，工会主席发挥好预测能力，做好预测工作，也是动员、组织、凝聚工会干部和职工群众的一种有效方法。无产阶级的革命领袖都是善于运用科学预测的大师。毛泽东同志在中国革命低潮时就写下《星星之火，可以燎原》，预言中国革命的高潮快要到来，对人们坚定信心、振奋精神起了极大作用。毛泽东同志用科学预测鼓舞群众斗志的光辉范例，为工会主席树立了学习的榜样。

二、工会主席应知的预测原理

预测性思维是明显的综合性思维，涉及许多思维方式和方法的运用，也与知识和经验密切相关。这是因为，第一，掌握的科学知识越广博、越精深，在解决预测问题时，对比参照系数就越多，选择的余地也就越大，从而揭示的事物规律性越可靠。第二，对过去的认识越深，对未来的把握越准。学习研究他人成功与失败的经验教训，总结自己成功与失败的经验教训尤其能加深认识。第三，对实际情况掌握得越全面，了解得越深刻，预测性思维的出发点就越牢靠，预测的成果也就越科学、越现实。根据科学预测的上述特点，工会主席提升预测能力应着重以下四个方面：

（一）要掌握科学预测的原理

工会主席的科学预测需要科学预测理论的指导，因此，工会主席应着重掌握以下科学预测原理：

一是连续性原理。任何事物的存在过程都可划分为过去、现在和将来。现在是过去的延续，未来是现在的延续。在这一连续过程的任何一点上，无论是过去、现在还是未来，事物的本质和规律是连续的。因此，认识事物时，只要认识了现在的本质和规律，也就有可能推测和估计未来发展的状况和趋势，从而认识未来的本质和规律。这就是人们能够预测事物未来发展趋势的连续性原理。运用这一原理预测未来时，首先要考察事实是否处于连续过程中，其次要充分估计由意外因素所造成的连续过程的中断。

二是相似性原理。客观世界的事物纷繁复杂、千差万别，但只要发展程序相似、内外条件相似，其未来的发展也就相似。相似现象是客观物质在世界普遍存在着的一类重要现象。两个不同事物具有相似性，就可以根据其中一个已知事物的发展过程及其相应的变化或结果，推测另一个事物的发展过程及其相应的变化或结果，这就是相似性原理。根据相似性原理预测未来，主要体现在：根据现实过程与未来过程变化条件的相似性进行预测，或根据现实过程与未来的因果联系的相似性进行预测。

三是因果性原理。事物、现象和过程之间的因果关系是它们的一种基本关系。在预测活动中，只要把握了某一事物变化发展的现实原因，便可推知相应的未来结果，这就是预测的因果性原理。运用这一原理进行预测，首先要弄清预测对象存在因果关系是属于哪一类的因果关系，然后才能根据实际情况，采用适当的方法，作出正确的预测。

四是系统性原理。系统是指世界所有事物是由相互联系、相互作用、相互依赖的要素组成的，具有一定结构和功能的有机整体。工会领导工作也是一个系统，它具有整体性、集合性、相关性和层次性。系统性原理要求，在预测中，必须把预测对象看作一个动态系统，遵循系统特征，运用系统工程去规划、研究、设计领导活动和领导行为，把整体、全局、长远和个体、局部、阶段结合起来，统筹考虑。工会领导者只有全局在胸，做到局部服从全局，才能作出科学的预测。

五是反馈性原理。在控制论中，反馈是指控制系统输出的信息作用于被控对象后，产生的结果再输送回来，并对信息再输出产生影响。反馈分为正反馈和负反馈两种类型。领导过程是一个复杂的动态过程，也是一个控制过程。领导的预测、决定和制定的政策交付执行后，要根据客观情况变化，及时、准确地将变化了的情况反馈给决策中心。领导者正是根据情况的反馈，了解、检验原来的预测、决策的正确与否，以便对原来的预决策做必要的修改和补充，修正目标、重新决策。反馈在领导过程中的重要作用，决定了领导者必须重视和善于抓反馈。

六是可能性原理。可能性是预示事物发展前途的种种趋势，它的根据却在现实之中。在一定条件下，可能性可以转化为现实。只要对现实事物的各种条件进行详尽的分析，就可以预测它的未来发展的可能性。科学地运用预测原理对工会主席领导工作的科学化，具有十分重要的意义。

（二）要掌握科学的预测程序

预测程序又称预测步骤。预测程序一般指以预测未来为主要目的的领导工作的全过程。科学预测的基本程序主要包括以下几方面：

首先，确定预测所要达到的目的。就是要确定是认识未来事物质的规定性，还是量的规定性，或者是二者的统一。

其次，搜集资料。在收集和分析信息与资料过程中，要注意信息与资料的全面性、可选性与精确性，排除个别异常的信息与数据。要大量收集影响预测对象的种种外部条件，分析多方面的因素，并用系统分析方法对信息和资料进行总结，找出规律。

再次，选择预测方法。选择既要考虑预测结果的可靠性，又要兼顾预测工作的时效性。大多采取定性与定量相结合的方法。

最后，进行预测。根据预测方法分清组织工作与技术工作任务，统一部署实施，同时注意现实重大情况有无变化，现有资料是否适用，预测结果误差是否影响决策等情况。必要时需进行修正或重新预测。

（三）要掌握常用的预测方法

常用的预测方法主要有以下几种：

经验判断预测法。就是以经验判断和逻辑推理的方式预测，包括个人经验与集体经验预测。

专家会议法。就是集中若干专家，通过会议的方式，对事物的发展进行预测。

拟实验预测法。就是根据事物发生发展的条件与结果的内在联系，模拟实际事物发展过程，从中取得第一手实验数据，并通过对这些数据的分析，预测同类事物在相同条件下的发展趋势和状态。

时间序列法。就是根据历史和现有资料，从中看出发展趋势，并假定这种趋势会同样延续到将来某个时候，然后按时间顺序把过去和现在的数据推向那个时候，得出预测的结果。

除上述四种方法外，还有许多种方法可供选择，工会主席应根据具体情况，恰当地进行选用。

（四）要掌握预测的艺术

除了要掌握信息收集、处理和运用的艺术外，还有两项艺术需要注意把握：

一是预测方法和选择艺术。预测方法种类繁多，在什么情况下，选择什么样的预测方法，就是预测艺术问题。它需要工会主席应有把握全局和综合考虑的能力与水平。一种预测方法，一般是优缺点并存，因此，对不同场合、不同需求要进行客观具体的分析，而且还应学会尽可能地扩大自己的视野，归纳和搜集多种方法，使选择的工作有比较大的余地。

二是处理预测中出现的偶然问题的艺术。预测中的偶然性因素很难预料，且往往会影响到预测结果。正确对待处理预测中的偶然性问题应注意：不能忽视和放过对偶然出现的情况的分析；要敏锐地抓住一些“不相关联”的偶然情况；要正确地对待预测后出现的偶然结果。

第18种 决策能力

一、决策能力事关成败

领导力主要由决策力和影响力构成，决策力是领导力的第一要素。决策力重在领方向、建愿景、定战略、选目标、明策略、寻路径。领导决策事关组织发展的方向和全局，事关领导活动的成败得失，决策的方向错了，解决问题的思路错了，结果必然是一错百错。领导决策注重目的和价值，注重以人为本。领导决策要坚持顶层设计和基层探索的结合，注重民主决策、科学决策和依法决策的统一。领导决策要坚持群众路线，坚持实事求是，一切从实际出发。

工会主席的决策能力是指工会主席依据主客观环境条件和掌握的工会信息，按照一定的科学程序，依靠专家集体和广泛听取职工意见，运用现代科学思维方法和先进技术手段，就工会组织和工会工作的重大问题以及工会主席职权范围内的事务作出决断的本领。科学决策是工会主席的主要任务，是实现工会领导的主要环节，没有决策就没有领导，因而没有决策能力也就没有领导能力。

随着市场经济的不断发展和改革的不断深入，工会工作的领域和内容不断拓宽，面临诸多新情况和新问题，这就需要工会主席独立、迅速、准确地作出各种决策，决策已成为工会主席工作中的中心环节。在现实社会生活中，工会主席的决策有着非常重要的作用，正因如此，提升工会主席的决策能力就愈加必要。

决策能力是决定工会主席决策乃至工作成败的基本前提。工会主席对本工会的工作负有全面的领导责任，所以在工会主席的日常工作中，始终包括制订计划和组织实施这样一些实践活动，而这些实践活动的正确与否直接影响甚至决定了具体行动的成败得失。工会主席只有具有较强的决策能力，才能作出正确的决策，指导工会各项工作顺利开展，反之则要么不敢决策，要么决策错误，而无论哪种情况都会导致工会工作的失误，造成不应有的损失。

决策能力是工会主席履行领导职责的基础。国外决策理论认为，领导就是决策。作为工会主席，不懂得决策，或者不善于决策，就很难开展工作，也就很难实现其领导职能。比如，作为基层的工会主席，就会经常遇到需要进行选择和作出决定的工作，大到关系工会组织的建设和发展问题，小到解决和处理日常事务问题。可以说，工会主席的很多工作都需要决策，如果不懂得决策，就无法履行工会主席的领导职责。

决策能力的运用能形成影响力和号召力。工会活动需要组织和吸引广大职工群众来参加。工会主席的决策正确，就能使广大职工的工作热情和创造精神充分地发挥出来，而且正确的决策目标还可以逐级分解，落实到每个职工，这样才能充分调动他们的积极性、智慧和创造力，同时也会增强工会的影响力和号召力。

二、工会主席决策能力的提升

（一）掌握决策类型

从工会的日常工作来看，工会主席的决策主要有以下几个方面的类型：

从决策的规模看，可以分为宏观决策和微观决策。宏观决策是指那些涉及或影响全局性问题的重大决策，微观决策是指那些仅仅涉及区域或局部性具体问题的决策。

从决策的层次看，可分为高层决策、中层决策和基层决策。高层决策主要是遵循实际情况解决全局性的重大问题，其特点是具有战略性和长期性。中层决策主要是遵循高层决策的意图，安排一定阶段的任务，解决本地区、本部门的问题，其特点具有局部性、执行性和联结性。基层决策主要是解决实际工作中的具体问题，其特点是具有短期性和技术性。这三种决策的层次不同，而且有不同的职能和作用，但三者之间又具有交叉效应。

从决策的形式看，可以分为常规决策和非常规决策。常规决策也称例行决策，日常工作中经常需要一般性决策，其特点具有一定的重复性。工会主席可以凭借经验按照例行规章和程序作出决策，不必每次都作新的决策。非常规决策是日常工作中并非重复出现的非例行活动的决策，它具有偶然性和随机性。这类决策往往需要收集整理大量数据，再加上工会主席的经验判断，方能作出的决策。

从决策目标的重要程度来看，可分为战略决策和战术决策。战略决策是指影响总体发展的全局性决策，其特点是高层领导机关立足全局，着眼未来，具有宏观性。战术决策是指关系个别局部发展的具体性决策，其特点是它在方向和内容上服从于战略决策，是实现战略决策的方法和手段。

从决策具备的条件看，可分为确定型决策、风险型决策和不确定型决策。确定型决策是指几个方案中都有明确的肯定的唯一结果，通过比较，容易判断，便于选择；风险性决策是依照部分资料所作的决策，对可能发生的问题有一定的把握，但不完全有把握，存在不可控制的因素，具有一定的冒险性。不确定型决策是指对决策的未来发展结果无法完全控制和预测，有一定的随机性和偶然性。

从决策过程的作用看，可分为突破决策和追踪决策。突破决策是指促进事物发展方向或性质的突变的决策。追踪决策是指在决策实施过程中，根据反馈对执行决策中出现的偏差进行控制纠正或者由于情况的突变，以及原决策有误而调整原来决策的决策。

总之，决策有不同的分类。对工会主席而言，关键不仅在于掌握决策的类型，而且要对工会工作的具体问题作具体分析，不断研究工会工作的新情况、新问题，从实际出发选择决策类型才能进行科学的决策。

知识链接

“三圈”决策模型

美国哈佛大学教授达奇·李奥那多提出了基于价值圈、能力圈和支持圈的“三圈”决策模型（Value，Capacity and Support，Three Circles Model）。“三圈”决策模型认为，决策时应主要考虑目标能否实现公共价值、决策方案是否可行和利益相关方是否支持这三大要素，如果把价值、能力和支持分别用一个圆圈表示，该决策方案能够实现价值就落到支持圈内，这三圈重叠的部分就是可取的决策区域，因为其同时具备价值、能力和支持三大有利因素。

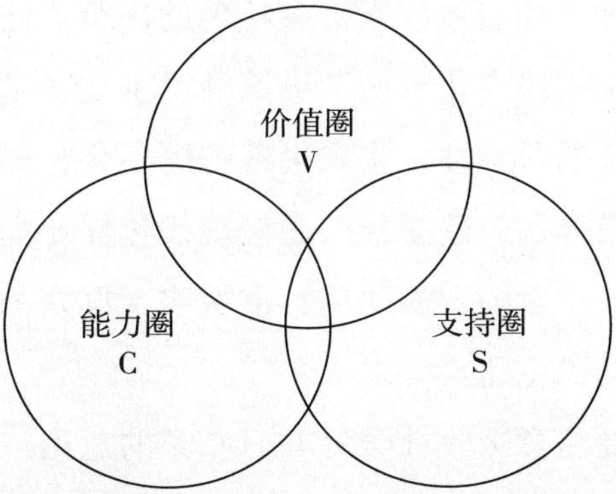

价值圈、能力圈和支持圈的决策模型

（二）掌握科学决策程序

科学的决策程序一般可分为确定目标、拟订方案、审定方案、实施方案和追踪决策五个基本步骤。确定目标是科学决策的第一步。所谓目标，是指在一定环境条件下，希求达到的结果。任何决策，都应有确定的目标。目标不明便无从决策，目标找错，会导致决策失败。拟订方案是为达到目标而寻找途径，包括在调查研究基础上掌握可靠的信息资料，制订多个可供选择的方案。审定方案就是在权衡各个方案利弊得失的基础上，进行择优，找出最有利于达到目标的行动方案。实施方案是决策程序的最后阶段，就是制定具体实施措施，把任务落实到每一个执行单位，明确责任，保证决策方案的实施。追踪决策就是建立反馈系统，及时掌握决策的实施情况，以便及时作出修正。这些步骤在实际工作中并非一成不变，各个阶段可以灵活交错进行，但要做到科学决策，这些步骤又是不可缺少的。

（三）掌握科学决策方法技巧

工会工作有其特殊性，工会主席的决策也有其特殊性，所以工会主席提升决策能力需掌握好科学决策的方法技巧。

工会主席的决策要充分体现民主。工会主席决策能力的提高，是一个动态过程。工会主席既要认真学习科学决策的理论和方法，又要在实践中结合工会工作的实际，积极地探索富有特色的决策方法。首先在决策中要体现民主，实现决策的民主化。所谓决策的民主化，是指在决策中充分发扬民主，以确保决策的科学性。实现决策的民主化，要求工会主席改变旧的家长式的个人决策体制，建立新的适应现代化需要的完整的科学决策体制，要求重视专家、学者的智囊作用，重视职工群众的作用，发挥职代会的作用，实现决策的民主化。

工会主席决策要注意吸收社会各方面专家的意见。从我国各级工会的实际情况看，工会的各种专门人才还是比较少的，而且从长远来看，工会也不能建立一支庞大的专家队伍。所以为了保证工会主席决策的科学性，就必须努力吸收社会各方面专家的意见。专家学者一般是指在某些专业方面积累了丰富的经验和知识，并具有解决该专业问题的能力的人。例如，工会工作涉及较多的计划、管理、法律、劳动保护、工资、社会福利等专业领域都有从事这些方面研究的专家学者。要吸收专家学者参与决策，最为关键的是需要做好组织工作，也就是专家学者的选择以及如何让他们充分发表意见。专家学者都要选择得合适。一般而言，具体选哪一类专家学者须根据所要决策的问题而定。具体人数，则要根据问题的复杂程度、信息的掌握程度等适当确定。同时，还要充分发挥智囊机构的作用。

工会主席参与决策必须具有超前性。工会主席除了经常就工会工作重大问题作出决策外，还要代表工会和职工参与政府与企业行政的有关决策，因此，工会主席需在政府与企业行政决策之前，就要拿出决策性意见，拿出工会的建议、意见或对策。只有如此，工会才能参得上、参得进、参到点子上。作为工会主席，必须及时地组织工会的干部、职工研究对策；必须超前就有关问题征询职工群众的意见，掌握广大职工的要求。此外，工会主席还要根据职工群众的要求，积极主动地提出建议，要求政府、企业行政在某些问题上作出决策，这也是一种超前决策。那么，工会主席怎样才能使决策具有超前性呢？这就要求工会主席积极主动地了解政府、企业行政的动态，掌握其决策意向，了解其决策要点；根据中央文件的精神，要求政府、企业行政向工会通报情况，保持信息渠道畅通；主动了解职工群众的愿望和要求；积极发动、调动社会的力量，帮助提出决策方案；等等。

第19种 组织能力

一、组织能力是领导能力的重要体现

组织能力包括两个方面：一是静态的组织分析、组织设计、组织建立和组织变革的能力，其侧重点在组织机构的设立和调整；二是动态的组织实施，侧重点在组织方案的实施和控制，包括运用组织机构和组织干部群众等。由于第一方面的内容在工会主席的管理能力中已有所涉及，这里我们主要阐述的是第二方面的内容。

工会主席的组织能力，是指为了完成工会任务和实现企业目标，在充分发扬民主和合理利用组织理论的前提下，工会主席运用科学的方式和手段，调动广大职工群众积极性、智慧和创造力的能力。组织能力也是工会主席解决各方面矛盾，使全体职工为经济和社会发展密切配合、统一行动的能力。

组织是工会主席的基本职责。这是因为：第一，领导是一种组织活动，领导者是活动的组织者。第二，活动的组织者应起组织指导作用，组织确定活动的目标，组织力量实现目标，并在这个过程中进行必要的指导。第三，工会组织性质的内在要求。工会是职工群众自愿组织起来的，这就要求它的领导者具有组织的功能。但工会领导者的组织行为，不是行政指令性的，而是属于指导性的。这也就是说，作为工会领导者对职工群众具有指导他们应该做什么、怎么做的责任，但其中着重运用的手段是非强制性的，就是非权力的影响力。工会领导者的这种对内的基本职责表明，组织指导得是否正确有效，是工会领导者是否成功的主要标志。而这些又有赖于组织能力的充分发挥。因此，作为一名工会主席必须提高组织能力，为实现其基本职责创造必要的条件。

在现实的工会工作中，工会主席提高组织能力，意义表现在多个方面：可以创造性地运用适当的方式，成功地将职工群众组织起来，有效地维护职工的权益；可以巧妙地组织广大职工参加工会的活动，以实现工会工作的目标；可以引导广大职工群众充分发挥主人翁的作用，在实践中受到教育；可以正确地指导职工群众认识党的路线同职工意愿的一致性等。

工会主席发挥组织能力应遵循以下原则：

第一，注意上下沟通，达成共识。工会主席在工会工作中运用的主要手段是非权力影响力和协商。要实现这一点，一个重要的技巧就是沟通。上至领导，下至职工群众，通过沟通，达成共识。反之，如果不注意上下沟通，步调就不会一致，工会主席的组织工作也会流于形式。

第二，吸引诱导，教育群众。吸引诱导就是诱发和满足职工群众社会、生理、心理的需要，使其产生一定的动机，自愿参加工会组织的活动，从而指导职工的行为目标与工会组织的行为目标相一致。工会工作的实践充分证明，在自愿的基础上受到的教育是稳固的，能产生自觉的行为。这也是工会特有的活动方式与领导原则。

第三，坚持民主集中制。工会组织互相之间是平等联合和代表的关系，工会主席在组织指导过程中，要充分发扬民主，以保证组织指导的正确性。因此，工会主席在日常工作中要特别注意发扬民主，不论是在会议上讨论决定工作时，还是在平时检查指导工作时，都要注意听取他人的意见，把正确的建议集中起来，并善于把自己的想法与之融合起来，这样才能形成正确的决策，才能使自己成长为有威信的工会主席。

第四，要充分尊重他人，信任下属。在工会工作中，工会主席同下级、同级的工作关系，是建立在互相尊重、互相信任的基础上的。所以，在工作中工会主席要注意尊重别人的意见；要充分相信下属，放手让其去工作，并鼓励下属根据工会的文件，结合实际情况开展工作；要协商多于指令，把指导融化在协商之中；同时要帮助下属解决工作中的实际问题。

第五，注意弹性控制，加强自我管理。在我国的工会系统中，各个工会组织具有相对的独立性，是统一组织和相对独立的有机结合。因此，在工会目标、工会章程、工会工作方针的统一下，各级工会主席要根据本单位的实际，独立自主地开展工作，进行自我管理。自我管理能力是工会主席能力的重要体现。在一定范围内，各单位有弹性控制的自由，能充分发挥其创造性和主动性。因此，工会主席一定要注意弹性控制，加强自我管理。

二、工会主席组织能力的修炼

工会领导活动目标的实现，要充分依靠广大职工群众的力量。若要真正把职工群众组织起来，就需要有组织职工群众的能力。因此，工会主席应十分重视组织能力的修炼与提高，其途径主要包括以下几方面：

（一）掌握动员职工群众的方法

工会工作要有力量，必须把职工群众的积极性调动起来。动员是指运用一定的技术手段和中介条件，号召、影响和调动公众在思想上、心理上认同基本信仰、准则和目标的一种社会机制。工会主席动员群众的方法技巧主要有两类：

一是一般动员与个别动员。一般动员是指在动员计划主题一致确定的情况下，根据绝大多数群众的思想认识状况和技术业务素质状况，而实行一般的普遍的动员方法。工会主席可以利用现有的、常规的技术手段和中介条件，比如大会动员，利用广播、报纸、宣传栏、黑板报、微博、微信宣传，制作简单易记的口号等。个别动员是指依据群众中的特殊性和差别状况，而实施个别的独有的动员的方法。在企事业单位中，职工群众的思想认识水平、行为准则、习惯及修养不可能完全一致，因此，区别对待、采取个别动员的方法就显得尤为重要。在工会工作中，个别动员离不开设置信箱、接待日、征求意见、提案以及个别访谈等一些技术手段和方法技巧。工会主席在日常工作中，一定要注意采取一般动员和个别动员相结合的方法，以做好本职工作。

知识链接

组织能力的杨三角

企业成功的关键在于有正确的战略和与之相匹配的组织能力。“组织能力的杨三角”这一理论框架和工具在成千上万的高管培训中，一次又一次地被大家认可；它所提供的有效的分析诊断方法和行动方案，已改善并提升了国内外众多企业的组织能力，实现了企业快速成长、扭亏为盈或战略转型等发展需求。

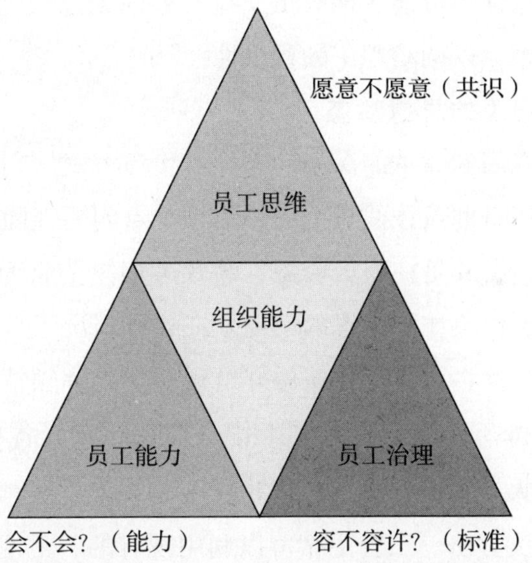

二是长期动员和临时动员。长期动员是指对事关企事业及工会工作全局性、根本性的发展战略实施经常性的动员计划。例如，企事业单位的发展经营方针、科技投入与技术进步、文化建设等重大问题。一般来说，对这些问题的宣传，应当作经常性、长期性的鼓动和号召，以便广大职工群众掌握并转化为自觉行动。临时动员是指对企事业和工会面临的紧迫性、意外性的问题和矛盾实施及时的、紧急的动员计划。比如，组织技术攻关、进行职工劳动竞赛、让职工提合理化建议等，一般都采用临时动员。

运用临时动员的关键和方法在于，能充分认识到解决面临的迫切问题的可能性及有利因素，有利于调动职工的积极性。工会主席在日常工作中要善于把长期动员和临时动员有机地结合起来。

（二）掌握组织职工群众的方法

工会主席在组织职工群众时，要始终贯彻和体现民主、平等的原则，要尊重职工群众的主人翁地位，维护职工群众的民主权利，放下架子，平等待人，加强职工民主管理。此外，职工群众的需求与心理状况各不相同，这就要求工会主席要具体问题具体分析，工作方法要灵活多变。再者，工会主席要经常组织各种形式的座谈会、恳谈会、民主研讨会等，为工会干部和职工群众尽可能多地提供交流沟通的场合与机会，增强相互理解，搞好干群关系，以调动职工的积极性。

（三）掌握职工的思想动态

随着经济的发展和改革的深入，人们的生活方式、利益需求趋于多元化，各种与职工切身利益休戚相关的热点、难点问题伴随着改革的逐步推进开始逐渐显现，尤其是在人力资源、绩效考核、企业管理等方面，部分职工表现出一些值得关注和深思的问题。在这种情况下，如何及时了解和掌握职工的思想脉搏，切实有效地做好解疑释惑、理顺情绪、化解矛盾工作，是工会当前和今后的一项重要工作，是我们做好各项工作的根本保障，也是构建和谐劳动关系的内在要求。

第20种 协调能力

一、工会主席不可或缺的能力

协调是工会主席领导工作的重要内容。工会领导工作是由诸多要素组成的组织系统，在实现目标过程中，必须保持系统内部各要素之间、各阶段与环节之间，以及系统与环节之间的平衡与和谐，使系统具有一定的稳定性。同时工会领导工作又是在一定的社会环境中进行，因此，工会领导工作还要努力保持工会外部关系的和谐与平衡。总之，协调工会内外部关系，都要求工会主席必须具有较强的协调能力，做好各方面的协调工作。

协调即是协商、调整与调节，也指配合得当、步调一致。协调是工会主席领导行为过程中的一个重要环节，是工会主席通过协商与调节，使工会各项工作相互配合、同心协力、团结协作，使矛盾各方实现某种平衡，进而达到和谐一致的理想境界的行为过程。而工会主席协调能力就是指在这一过程中表现出来的才干和本领。

工会主席协调能力的内容十分丰富，它包括协调工会与党组织关系的能力、协调工会与企事业单位行政关系的能力、协调工会组织内部上下级关系及与会员群众和职工群众关系的能力、协调工会领导班子的能力、协调工会与其他群众团体关系的能力以及协调工会与其他社会各界关系的能力等。

工会主席协调能力具有如下功能：

一是整合功能。从工会内部看，工会工作各有分工，各部门之间的关系需要协调，工会主席只有充分发挥自身的协调能力，使所属人员各司其职、各尽其能、各负其责，在工作中互相配合、互相支持，才能形成思想统一、步调一致的工作局面。从工会外部看，工会工作涉及方方面面，工会主席也只有运用好自身的协调能力，协调好与党政、其他群团组织乃至社会各界的关系，才能为工会工作的开展创造出有利的外部环境。

二是引导功能。即在工会主席协调能力的运用过程中，传达各种信息，对被协调的部门和人员产生影响，使各部门及有关人员及时了解工会主席意图和相关情况，调整自己的工作目标，达到整体协调运转。

三是控制功能。工会主席协调能力的运用过程也是一种控制过程。通过反馈收集信息，找出并控制不稳定因素，确保工作系统始终向着既定目标平稳发展。

四是扩效功能。工会主席协调能力发挥得好，会大大提高工会整体工作效能。

工会主席的协调能力具有重要作用。

首先，它可以调处工会内在矛盾，更好地维护职工合法权益。职工对工会的要求和工人阶级整体对工会的要求之间存在差异，工会主席必须在二者之间进行科学的协调，在维护全国人民总体利益和工人阶级长远利益的同时，更好地表达和维护职工群众具体合法权益。

其次，它可以加强工会内外部联系，架起工会组织与社会各界联系沟通的桥梁。工会的社会联系是指工会组织在开展社会活动过程中，与其他相关社会组织之间的联系，这些联系表现了他们之间的相互作用，构成了工会活动的重要社会条件，然而也正是在这些联系及其相互作用中，工会的角色和作用得到确认和实现。工会领导活动主要是在与党政机关及其领导和工作人员“打交道”中推进的，而这种关系又是工会协调职工群众具体利益与工人阶级长远利益、全国人民总体利益关系的主要表现，是各组织之间责、权、利的相互作用。这种关系从根本上看是一致的，但在具体问题的处理中，由于各自性质、职责、地位、角度等不同，矛盾又是难免的。工会主席在领导活动中正确运用协调能力，就能加强与相关方面的沟通和理解，协调好与相关方面的关系，使工会工作发挥更大的作用。

再次，它可以保证工会组织和工会工作稳定有序地运行，提高工作效率。协调能力的运用贯穿于工会主席领导活动的全过程，对工会组织和工会工作稳定有序地运行，发挥着十分重要的作用。协调是实现工会组织目标的重要条件，是工会组织团结统一的重要保证，是提高领导活动效能的重要手段，也是顺利履行工会社会职能的重要方法。发挥协调能力、搞好协调工作，可使工会组织有序高效、人气兴旺，工会工作蓬勃向上。

最后，它可以使工会主席更好地履行职责，做现代工会领导者。协调是工会主席领导工作的重要内容，也是工会主席履职的重要方面，而工会主席只有具备较强的协调能力，才能把这项职责履行好。同时，工会主席运用协调能力的过程，也是工会主席实践和锤炼自身领导能力的过程，工会主席只有不断总结实践经验，培养和提高协调能力，才能成为现代工会领导者。

二、工会主席提升协调能力的要领

（一）要把握协调的原则

原则是观察和处理事物的基本依据和准则，是事物发展过程内在联系的反映。工会主席协调的具体原则主要包括以下几点：

其一，直接沟通。沟通是了解情况和传达协调信息的基本手段。工会主席为了使工会内外部各相关部门个人和组织之间的工作保持协调一致，就必须保持不断进行横向、纵向的沟通。通过各相关部门与部门、人与人、组织与组织之间的直接接触，彼此交换意见、交流信息、沟通思想，从而达到彼此了解、协同合作、求得较好协调效果的目的。

其二，超前协调。协调工作要有预见性。要在活动开始之前，在制订计划和实施措施时，就要考虑到将来活动中可能出现的问题，并及早拿出预防和调节的措施。对活动过程中出现的问题，应通过不断的沟通，提前发现苗头，及早采取措施进行协调。总之，不论是在问题出现之前还是问题出现之后，都要早发现、早预防、早处理，避免等问题出现或严重之后，再放“马后炮”。这里还应注意的是，协调是一个动态过程，协调工作也是一个连续的工作，不可能期望协调一次而一劳永逸，因而在注意协调的超前性的同时，还要注意协调的连续性。

其三，公正合理。公正是减少矛盾和解决矛盾的重要条件，合理是各种要素配置达到科学化、最优化的基本要求。因此，工会主席协调过程应按照科学的标准进行，排除个人好恶等主观因素的干扰。

其四，目标导向。工会主席协调过程，是使整个工会领导活动过程按照既定目标要求协调发展的过程。因而，任何协调措施的出台和协调行动的实施，都不能偏离既定的目标，只有在方向一致的前提下，协调才能成为现实，否则就无协调可言。

其五，整体优化。通过协调，使系统的运行达到整体优化状态，这是工会主席协调的直接目的。这就需要对各执行部门或执行组织的条件素质、执行能力进行科学的分析，对各种影响要素的质量、数量及综合效应进行科学的分析，进而通过个体优化的组合，形成整体优化，发挥出系统的整体功能。如果单个组织或个人的优化不能组合成整体或系统的协调、优化，就不能发挥系统的功能，取得理想的整体效益。

（二）要掌握协调的方法

工会主席协调组织和人际关系的方法多种多样，主要的有以下几种：

从协调组织关系看，一是思想协调。这主要指党、政、工三者关系协调方面。工会主席要主动，在与党政方面理顺思想、沟通理解上下功夫。二是组织协调，即运用组织手段理顺关系、划清职责、健全协调关系的组织机制和程序制度，使党、政、工三方都能协调一致地规范运作。三是民主协商。工会主席要主动创造一种宽松的环境，运用民主的方式，提倡双向交流，在互相协商、讨论中解决问题。四是沟通信息。工会主席要主动地、经常地同党政和其他相关组织交流信息，联络感情，达到协调。五是齐抓共管。在围绕某项工作而与其他组织开展的联合行动中，工会要主动搞好分工协作，共同完成任务，工会主席则要做善于合作协调的表率。六是法律协调。国家的法律法规是所有社会组织和个人都要遵守执行的，如果违法就要受到强制性处理。法律协调一般是在其他协调方式无效的情况下而采用的一种带强制性的方式。

从协调人际关系看，一是目标协调。即工会主席用工会组织整体的共同奋斗目标来统一人们的思想和行为，这是协调的通用方法，也是协调人际关系的根本方法。二是思想教育。工会主席要从工会自身特点出发，要在关心人的基础上，以群众适合热爱的方式进行引导。通过提高职工群众的觉悟，达到减少和化解矛盾的目的。三是影响吸引。这是指工会主席依靠自身的影响力和凝聚力进行人际协调。工会主席影响力、凝聚力加强，就会在工会干部和职工群众中产生崇高的威望，从而使他们心服口服地按照要求进行工作，就会大大减少人际关系的矛盾，形成比较和谐的局面。四是矛盾中和。在人民内部、工人阶级内部没有根本的利害冲突，因而可以用矛盾中和的方法去解决矛盾，处理人际关系。我们通常所说的“求大同，存小异”“宜粗不宜细”，就是矛盾中和方法的具体运用。矛盾中和并不是丧失原则，而是强调非原则问题上不能过于认真，否则不利于人际关系中矛盾的解决。五是组织调整。即用调整工作环境的方法来协调人际关系，这通常是在其他方法不能解决问题时而采取的。

（三）要勤于实践

工会主席培养与提高协调能力，固然离不开理论的指导，但更重要的是要在实践中进行锤炼。实践是最好的老师，只有深入实际、亲身实践，才能在总结经验的基础上，逐步提高协调能力。勤于实践，就要求工会主席在领导工作中不能遇着矛盾绕着走，而是要敢于面对矛盾，善于解决矛盾。事实上，正是在处理复杂矛盾过程中，工会主席才能锻炼和提高自身的协调能力，风平浪静是不会显示出英雄本色的。勤于实践，还要求工会主席要有主动精神，要迎难而上。工会工作的客观形势是不断变化的，因此，工会主席要有创新意识、创新精神，在处理新情况、协调新矛盾中，不断培养提高和发展自身的协调能力。勤于实践还要求工会主席要在实践中不断总结新经验。要善于将协调工作中成功的经验和失败的教训认真分析，吸取其中有益的东西，上升成理性认识，以更好地指导协调实践。

第 21 种 执行能力

一、领导决策重在执行

（一）执行力的内涵

执行是贯彻领导战略意图、实现战略目标的关键环节，执行力是领导力的重要体现。领导决策重在执行，执行是组织人力、物力、财力，实现既定目标的具体实施过程。而执行力是实现战略目标、完成战略任务，使组织战略和决策目标变为预期结果的综合能力。工会主席是工会制定战略决策之人，更是带领干部群众执行之人。若没有高效的执行力，战略就不能得到落实，领导绩效就难以得到真正提高。

执行力的内涵包括完成任务的意愿，完成任务的能力，完成任务的质量、效果和程度。执行力是衡量执行水平高低、执行者能力大小、执行效果好坏的一个综合概念。高效执行力的前提是正确的领导决策。简单来说，执行力低下主要由执行者的执行意愿和执行能力综合决定的，用公式表示就是：执行力 = 执行意愿 × 执行能力。执行力不等于执行能力。执行意愿的强弱是影响执行力高低的“软功夫”，是重要前提。执行能力是影响执行力的“硬功夫”，是重要保障。执行意愿更为基础，更为重要。因此，提升执行力的关键首先要在增强工会主席执行意愿上下功夫，同时也要不断培养和提高工会主席的执行能力。

从层次上看，执行力分为个体执行力、团队执行力和动态执行力等形态。个体执行力是执行意愿和执行能力的综合作用；团队执行力是团队成员合作做事的能力，是一种组织合力，体现为组织的执行力和制度的执行力；动态执行力是组织成员在实现决策目标过程中持续稳定的执行力，即不受执行过程中诸多因素影响的执行力，不论领导决策目标如何调整，也不论执行环境如何复制，组织成员都能实现既定决策目标的行动能力。

（二）执行力重在沟通协调

执行力低下的最大问题是执行过程中沟通协调的不到位。在执行过程的各个环节中，如果每一个环节的沟通协调都有偏差，那么最终各个环节上的偏差累加将严重影响到决策目标的实现，甚至导致执行结果与决策目标的相悖。因此，提升执行力要从改善执行过程中的沟通协调着手。

一要提高沟通质量。在执行过程中，工会主席要说职工群众能听懂的话，而且要用大家乐于接受的方式进行沟通。这就要求工会主席要遵循沟通原则，减少沟通障碍，沟通时做到准确、明确、清晰，宁问不猜。

二要努力寻求认同。沟通只是手段，认同才是目的，沟通旨在实现职工群众对决策的理解、认同和支持。沟通首先要承认不同和差异，其次要寻找共同点，最终是扩大认同，从认同人到认同事，认同领导的决策。

三要善于调整角色。工会主席沟通时要根据沟通对象的特点善于调整自身角色，做到沟通时因人而异、因时而异、因地而异。例如，汇报工作是工会主席与上级之间的一种正式沟通，要注意以下几个沟通原则：一是目标清晰，二是内容明确，三是详略得当，四是数据充分。

二、执行力注重完善流程

要提升执行力就必须完善执行的流程，包括战略流程、人员流程和任务流程。完善执行流程要把握以下要点：

一要把战略细化为可执行的任务，将任务分配给合适的人员并确保每个人理解个人任务与组织战略的内在联系。细化任务时要掌握“四化”原则：把复杂的过程简约化，把简约化的东西定量化，把定量化的因素流程化，把流程化的因素制度化。简约化的关键是要抓住问题的实质，抓大放小，抓住主要矛盾和矛盾的主要方面。定量化的实质是把简约化的东西用数据来界定，以实现可评价、可考评。流程化强调的是路线图，是先后次序，要分清和把握轻重缓急。制度化重在实现把组织执行流程规范化，形成执行文件，能够指导以后的类似任务。

二要让执行人员参与决策的制定。这样有两个好处：一是使得执行者更清楚自己该怎么做；二是更愿意努力做。毫无疑问，只有清楚自己该做什么，执行的方向才会明确，而只有积极愿意做的事情才更容易做好、做到位。

三要完善人员流程。用好现有的人才比招聘人才更重要、更有可行性。一方面要适才用人，把合适的人放在合适的位置上，用人之长才能更好地发挥执行的积极主动性。另一方面要培养人才，帮助人才成长，给他们创造机会，搭建舞台，并大胆使用。真正树立以人为本的领导理念，尊重人、锻炼人、发展人、提高人，为人才创造有吸引力的工作环境，设计科学合理的薪酬体系，创造浓郁的执行力文化。

四要完善实施步骤。要通过详细的实施步骤和跟进措施以确保每个人都能完成自己的任务。学会运用SMART准则来细化目标任务。

知识链接

SMART准则

所谓SMART，就是目标必须是具体的（Specific），目标必须是可以衡量的（Measurable），目标必须是可以达到的（Attainable），目标必须和其他目标具有相关性（Relevant），目标必须具有明确的截止期限（Time - based）。无论是制定团队的工作目标还是个人的绩效目标都必须符合上述原则，五个原则缺一不可。

三、工会主席执行力的提升

提升执行力首先要准确领会决策意图，把握住执行要实现的目标以及衡量目标实现程度的关键环节和基本标准；其次要构建有效的执行团队，相互协同、共同配合；还要塑造执行力文化，并建立相应的绩效考核机制。

（一）准确领会决策意图

领导决策指引了执行力的努力方向，指出了执行力的实现目标，指明了执行力的根本任务。因此，准确领会领导决策意图是提升执行力的重要前提。任何领导决策都是基于组织面临的全局性、长远性问题所做出的战略谋划和指导，作为工会主席必须站在上级和组织的立场，只有从全局和长远的角度来理解和把握领导决策，才能准确领会领导决策意图。而且，工会主席不仅要理解和把握领导决策的目标，更要精准领会决策目标之上的领导价值，领会决策意图不仅要知其然，更要知其所以然，这样，在执行过程中才能更加自觉、更有创造性。

（二）构建高效执行团队

从根本上来说，工会主席执行力的提升必须要有高效的执行系统作为保证，其中，构建高效执行团队是提升领导执行力的关键环节。

从组织的纵向运行体系来说，上级对下级要指挥命令，下级对上级要请示报告。这个纵向运行体系必须保持畅通，各个管理层次之间的运行不能断裂，否则就会产生纵向结构性障碍，从而削弱甚至破坏执行力。从组织的横向结构来说，管理幅度既不能太小也不能过大，上级管理的下属数量太少会导致上级的能力无法充分发挥，管理的下属数量太多又会导致上级难以统筹兼顾、有效协调。一般来说，管理幅度的确定应该根据团队内部的具体情况，如人员素质、组织制度的健全程度、团队文化等因素来确定，否则就会因管理幅度太小或太大影响执行力。

在确定组织合适的管理幅度和管理层次后，工会主席就要努力建设高效的执行团队。构建高效执行团队有以下六个要点：

一是有清晰可行的目标。构建高效的团队首先要有清晰的目标，并坚信目标具有重大的意义和价值，而且该目标能够把个人目标与组织目标有机结合起来。此外，目标的可行性促使干部愿意为团队作出承诺，并清楚地知道他们自己该做什么工作，以及他们怎样共同工作并实现目标。

二是相互信任。这是高效团队的最显著特征之一。团队的每个成员对其他人的品行和能力都确信不疑，这是十分珍贵的团队品质。只有信任他人才能换来对他人的信任，不信任只能导致不信任。因此，工会主席要高度重视团队成员的相互信任。

三是为团队成员提供服务。优秀的工会主席能够让团队跟随自己共同度过最艰难的岁月。他能为团队指明方向，向成员阐明变革的可能性，鼓舞团队成员的斗志，帮助他们更充分地挖掘自己的潜力。优秀的工会主席不是一味地去指示或控制团队成员，他们往往担任的是教练和后盾的角色，为团队成员的成长提供有效的指导、辅导等服务。

四是有相互补台的性格和能力。高效执行力的团队是由不同类型、性格和能力的成员组成的，各个成员不仅具备实现目标所必需的能力，而且还必须具备相互之间良好合作的性格和气质。其中，具有团队精神和合作能力尤为重要。

五是有一致的承诺和责任。高效执行力团队的成员对团队表现出高度的忠诚和承诺，为了能使团队获得成功，他们愿意去做任何事情，这种忠诚和奉献成为团队一致的承诺。对成功团队的研究发现，团队成员对他们的团队具有认同感，他们把自己属于该团队的身份看作自我的一个重要方面。而明确分工和目标使得成员在行动上达成一致，促使成员成为利益相关者，共同承担任务，一起完成目标。

六是有良好的沟通。这也是高效执行力团队一个必不可少的特点，是高效执行的润滑剂，团队成员能迅速而准确地了解彼此的想法和情感。团队成员通过畅通的渠道交流各种信息，包括各种言语和非言语交流。此外，领导层与团队成员之间及时有效的信息反馈也是良好沟通的重要特征，它有助于领导干部指挥团队成员的行动。

（三）塑造执行力文化

把战略和目标细化为可执行的任务，将任务分配给正确的人员并确保每个人理解个人任务与组织战略的联系，这里包括做什么、怎么做、做到什么程度、什么时间做好等多个方面。在执行组织目标时，一定要克服各种困难，排除一切借口，坚决完成组织目标。为了坚决完成工作目标，工会主席必须在塑造执行力文化上下功夫，重点需要把握以下三个要点：

一是塑造高效执行的价值观。塑造执行力价值观，必须弘扬“认真第一，聪明第二”“制度第一，能人第二”的价值取向。“认真第一，聪明第二”强调在战略决策作出后，执行时必须把认真排在第一位，聪明排在第二位，要有认真务实的态度，严格按照操作程序而不能走捷径、钻空子，更不能敷衍了事。“制度第一，能人第二”强调执行的时候严格按照制度规定，而不能超越制度之外另搞一套，执行的时候制度更重要。

二是培育合作执行的精神。执行的根本方针就是要把组织目标置于个人利益之上，个人的利益要服从组织的目标，组织的目标要服从国家的目标。在此基础上去坚定目标，去坚持，去总结，去提高。同时，在组织内部培育合作精神，把合作精神作为凝聚大家的精神动力，在工作中相互补台而非相互拆台，以补台为荣，以拆台为耻，通过硬性制度和柔性文化鼓励和倡导合作。

三是形成有序执行的行为规范。首先，执行前的行为规范是“决心第一、成败第二”。没有决心，做什么事之前先考虑成功了怎么样，失败了又会怎么样，这样做事必会动摇做事的信心和决心，减少做事的动力，增大阻力。其次，执行中的行为规范是“制度第一、完美第二”。在执行过程中不可能等到什么事都想得很完美、发展得很完美了再开始行动，必须抓住机遇，乘势而上，机遇不可多得。最后，执行后的行为规范是“胜利第一、理由第二”。目标达到后，要以贡献大小作为评价的根本维度和标准。

（四）建立绩效评价机制

从根本上来说，执行力的高低强弱必须建立在科学的绩效评价机制之上，绝对不能想当然地模糊处理，更不可感情用事。绩效评价机制是根据决策目标建立分层次、分岗位的绩效评价指标体系，然后运用统一的绩效标准，经过一定的评价程度，对干部的执行绩效进行客观评价，并运用绩效评价结果改进干部执行绩效的系统过程。建立绩效评价机制需要把握三个要点。

一要明确适合组织发展的战略目标。目标明确，自己清楚该做什么，不该做什么，愿意做的事情就容易做好。战略目标既能激发大家，又能给大家以远景和梦想。要大处着眼，小处着手。

二要对执行人员进行指导和监管。必须有强有力的监督做后盾，战略才有可能得以成功实施。因此，在执行战略时要跟进相应的实施计划，制定相应的执行和操作标准，并对执行人员进行督导和监管。而协调各部门之间的关系也是重要环节。

三要将绩效评价结果及时反馈给工会干部，并对工会干部如何提升绩效给出建议。工会主席要把绩效评价结果及时反馈给工会干部，因为这是工会干部获得自己工作绩效表现结果的主要途径。绩效评价不是最终目标，绩效评价旨在识别干部的弱项和影响执行力的因素，工会主席要善于运用绩效反馈帮助工会干部提升执行力。

第 22 种 识才用人能力

一、工会主席如何识人

得人才者得天下。在科技日新月异的当今时代，国家之间、地区之间的竞争，归根结底是人才的竞争。人才资源作为“第一资源”的重要地位日益得到凸显。谁拥有优秀的人才资源，拥有强大的高素质人才队伍，谁就能在国际一级地区竞争中占有优势，赢得主动。

世上从来不缺人才，但是，发现人才却是件难事。所以往往是，一厢感叹“人才难得”，一厢哀怨“英雄无用武之地”。“世有伯乐，然后有千里马。千里马常有，而伯乐不常有。”因此，识别人才是领导者的硬功夫。

（一）识别人才的条件

在工会工作中，工会主席是识人的主体，能否正确地识别人才，主要取决于工会主席自身是否具备识人的素质和能力。

其一，工会主席要有求才之心。任何一个有作为的工会主席，必须有一种求才若渴、爱才如命的精神。因为他们懂得事是大家做的，即使自己是个人才，也不可能掌握现代一切知识，了解那么多复杂多变的情况，解决各种大小问题，必须要有各路人才方能成就事业。这是识别人才的前提和基础。

其二，要有识才之能。工会主席识人首先自己必须是人才。具备识人的能力，才能发现人才、分辨人才。因此，工会主席要想识别“千里马”，就必须首先成为伯乐，具备伯乐那样识才的慧眼。否则，即使人才就在身边，也难以发现。

其三，要有辨才之功。这就要求工会主席要有辨别真伪的能力，避免遭人蒙蔽、上当受骗。因此，工会主席要做到不以言貌而舍才，不以缺点而掩才，不以资历而压才，不以嫉妒而毁才，不以好恶而弃才，不以亲疏而断才，不以印象而误才，不以卑微而轻才。只有这样才能真正发现人才。识别人才，更重要的是要善于识别那些多谋善断的谋略型人才。

其四，要有举才之德。爱才之心必须要出于公心，才能谈得上是真正爱才。就是要从事业出发来选才，而不能从私心出发来识人。所以工会主席只有从工会事业出发，出于公心，才能做到正确地识别人才。

其五，要有容才之量。有大才者必有怪癖，有大能者必不谦虚。工会主席就需要有宽阔的胸怀接纳他们，甚至容忍他们的毛病和错误。有多大的胸怀就有多大的人才，有多大的人才就有多大的事业。工会主席的任务就是培养和选拔人才。

（二）识别人才的方法

用人首先要知人识人。读万卷书，不如行万里路；行万里路，不如阅人无数。“知人则哲。”善于识人是一种极高的智慧，识别人才可以通过以下几种方法：

观察法。观察法是指通过感性直观地识别人才的方法。观察法可以分为直接观察法和间接观察法两种。所谓直接观察法，是通过与考察对象面对面地接触，听其言而观其行，对人才进行观察和识别的一种方法。这种方法具有直观性的特点，可以更快捷有效地识别人才。所谓间接观察法，就是不与观察对象直接接触，而通过间接方式对考察对象进行考察的一种识人方法。例如，考察干部的档案，听取群众的反映等，尽管这种方法带有间接性，但却可以排除主观因素的干扰，更具有说服力。工会主席在识别人才时，必须善于运用这两种方法。

试用法。试用法是在观察的基础上，通过短期试用来鉴别一个人是否是人才的方法。例如，艰苦环境考验、挂职锻炼、代职试用等。这种识别人才的方法可以避免主观判断的错误，可以更全面地了解被识别对象的品格、意志和解决问题的能力。因此，工会主席要给人才创造条件，使其充分展示其才能。就是让他们担任合适的工作，在实践中检验其才能的大小，这是考察人才的最好办法。

考绩法。考绩法是通过对考察对象的工作政绩或业绩作全面考核，来了解一个人品德优劣和能力大小的一种识人方法。这种方法更具有综合性、全面性。考绩法一般通过组织考察、群众评议、民意测验等方法进行，具有一定的客观性，可以克服个人情感的障碍，弥补领导识人的狭隘性和局限性。

民意测验法。为什么要相信群众？一是群众的眼睛是雪亮的，他们的监督和观察，往往比组织部门更直接和直观；二是群众和当事人没有什么恩怨和利益瓜葛，能够做到公平公正。因此，考察干部要以人民拥护不拥护、赞成不赞成、满意不满意、高兴不高兴、答应不答应为根本尺度。

辩证法。一要坚持全面与重点的统一。既要全面考察干部的德、才、学、识、体等综合素质，又要重点分析干部某一方面的素质情况；既要看干部一时一事的表现，又要看干部的全部历史和全部工作。二要既看显能，又看潜能。显能是指已经表现出来的才干和能量，潜能是指蕴藏的有待开发的能量。人的思想、品德、能力是随着客观条件的变化而变化的，工会主席识人既要看显能大小，更要看潜能强弱。三要坚持优点与缺点的统一。识别人才既要看其优点，又要看其缺点，不可偏废，尤其对缺点要进行具体分析。

二、工会主席如何用人

“为政之要，惟在得人。用非其才，必难致治。”工会主席的首要任务，就是选用合适的人，做合适的事。工会主席的存在价值不在于亲自冲锋陷阵，而在于调兵遣将、运筹帷幄，汇聚众人的智慧，把各种各样的人用好，人尽其才，各尽其能。

走出误区

走出用人误区

◆用人“乱点鸳鸯谱”。尺有所短，寸有所长，物有所不足，智有所不明。一些工会主席不掌握人才规律和使用基本方法，不看工作性质和工作需求，随便安排人才，导致一些人用非其学，或才小而事大，难以胜任工作，既耽误了工作，又耽误了人才。

◆过分看重学历和文凭。当前，用人看学历和文凭几乎成了一种不成文的规矩。用人主要看其能力，但学历、文凭并不等于才能，毕业证书和学位证书不是能力的通行证。目前我国教育体制还不够完善，高校毕业的人才普遍与实践还有一段距离，学过了不等于会用，会用也不等于能用好。所以，工会主席一定要杜绝唯学历、唯名校的心理。

◆片面强调经验。经验固然重要，但经验本身有其固有的属性。其一，由于不同部门、职位在其工作性质、任务上都有各自的特点，因此，经验是不可复制的。其二，经验也不等于才能和理论。有经验的人一般都有一个比较固定的思维模式，喜欢按照以往的经验去做，很难有新的突破和改变。其三，有经验的人往往会滋生自满情绪，不思进取，缺乏工作热情。

◆凭自己主观好恶用人。虽然工会在用人问题上强调组织考察、班子讨论、集体决策，但工会主席有很大的决定权。所以工会主席不能凭自己的主观意志、偏好偏恶、自己的利害得失，甚至迷信心理，来选拔、使用人才。

◆宁用奴才不用人才。一些工会主席对那些有主见、有思路、有闯劲的人才噤若寒蝉，认为这些人容易出事、不好控制，而一味地用那些唯唯诺诺、俯首帖耳的保守型、顺从型的人。唯命是从的人往往缺乏创新精神，在工作中缺乏灵活性，久而久之，就会形成“武大郎开店，高个子莫进”的局面，工作效能下降，对工会工作的开展是极为不利的。

（一）按照德才兼备的标准使用人才

德者，才之帅也；才者，德之资也。故而，两者缺一不可，有德无才，难当大任；有才无德，其才定以售其奸。实践证明，有才无德会坏事，有德无才会误事。德，是才的方向和灵魂，是才发展的内部动力；才，是人得以发展的成功的基本条件和基础。所以，德才应该是统一的，相辅相成的。工会主席必须注意“德”看主流，“才”看专长，不能求全责备，防止有重才轻德和以德代才的倾向。

（二）用其长，避其短

客观事物各具所长，也各有所短，善用其长事则成，误用其短事则废。人才也是如此，世上全才、通才少有，绝大多数人具有某一方面或某几方面的长处，同时又有某些方面的缺陷。这就要求工会主席必须知人善任，做到随才器使，用当其才。工会主席要想营造人才辈出的局面，就要端正心态，用非常之道待非常之人，在识才、用才、护才上多下点功夫。

（三）因事设人，量才任职

工会主席用人，要就事论人，而不是就人论事。首先，工会主席要作岗位分析，把工会各项工作的性质、责任、权限及条件分析清楚。实质上是搞清职位有哪些，任职者应具备什么条件，这是用人的前提。其次，要设计出科学合理的职位，绝不能因人滥设职位。最后，根据岗位要求分析人员的特长，确定其人才类型，然后对号入座，授以职权，做到大材大用，小材小用。

（四）充分授权，充分信任

疑人不用，用人不疑，充分信任，放手使用，这是工会主席用人的重要原则。这里所说的信，是信任、相信。信任人、尊重人，可以给人以巨大的精神鼓舞和力量，让他们挑起重担，放手工作，大胆负责。

（五）学会宽容，不拘小节

对于工会主席来说，对待人才要有宽容之心：一是要不拘小节，容人之短。就是要理解和容忍别人的缺点和短处，善于用其所长，避其所短。二是要容人之长。即重用有可能超过自己的、有某一方面特长或若干方面特长的干部。三是要容人之异。即能善于倾听不同的意见，使用持不同意见的干部。

（六）培养人才，保护人才

工会主席的责任，不仅在于领导部属完成本单位的工会工作任务，更重要的是要带出一支好队伍，培养一批好人才。首先要树立人才难得的观念。人才难得，古今同慨。人才尤其是杰出人才之所以难得，不是因为没有，而是因为凡眼不识、世俗不容。其次要勇于保护人才。一要使人才尽快摆脱困境。二要敢于为人才的失误承担责任。三要敢于抵制对人才的无原则吹捧和不适当的使用。

（七）营造人才成长的环境

“鸟栖不择山林，惟其木而已；鱼游不择江湖，惟其水而已。”工会主席使用人才，就要为人才提供事业平台、创造最佳环境，使其得到重用、发挥所长。一个人的成长离不开环境，包括政治环境、文化环境、舆论环境、政策环境、人际关系环境等。这些环境因素对人的成长、成才、成功都很重要，领导因素也是其中很重要的因素之一。

第23种 激励能力

一、激励的力量

激励是一种对动机行为的肯定，它表明了什么样的动机和行为会受到尊重，什么样的精神和风格会受到赞扬；也告诉人们，什么样的行为才是社会所需要的，组织和领导者提倡什么；还指导人们怎样创造价值，如何取得成功。

工会主席在工作中要努力调动起职工群众的积极性，靠正确的路线、方针、政策以及强有力的思想政治工作，无疑十分重要。但在实践中，还存在一个长期以来被人们忽视的问题，即人的动机、需要、情绪、态度等心理因素问题，在同样的路线、方针、政策下，为什么有的人精神焕发、工作积极，而有的人却情绪低落、消极工作？这所涉及的就是激励问题。运用有效的激励手段来调动职工群众的积极性，以实现最高的工作效能，是工会主席能力的一个重要方面。特别是工会主席一般都生活在广大职工群众中间，如何在动员、组织群众的基础上，做好激励群众的工作，使广大群众的积极性、智慧和创造力得到最大限度的发挥，以便更好地实现工会工作的目标、计划和任务，就显得非常重要。

激励是指激发人的动机的心理过程。通过激励，研究和满足人们生理的、心理的需要，从而调动人的积极性，使其对完成目标保持高度积极性。工会主席的激励能力就是指通过必要的手段调动职工群众的积极性、主动性和创造性，充分激发职工群众中蕴藏的智慧，并使其得以发挥的一种管理本领。激励侧重于激发人们的“内在动力”来调动积极性。人们努力工作，就要靠能力和动力，有能力而发挥不出来，往往是因为“用非所长”，因此，要考虑为他安排合适的工作岗位，以使他适得其所；有能力而不发挥，则是因为缺乏激励，没有动力，这就要求工会主席考虑如何采取激励的措施，激发他的工作积极性。

工会主席在运用激励能力时，应注意坚持以下原则：一是精神激励与物质激励相结合、以精神激励为主的原则。单纯注重物质激励，会助长“一切向钱看”的歪风，而片面强调教育的作用，夸大精神的力量，忽视物质鼓励，会严重挫伤职工群众的积极性。因此，在教育激励中必须把精神激励与物质激励结合起来。二是奖励与处罚相结合、以奖励为主的原则。奖励先进，才能带动后进者。三是眼前利益与长远利益相结合的原则。只讲眼前，不讲未来，不讲理想，就会动摇人们的信心。只有把眼前利益与长远利益、共产主义理想教育与现实党的方针政策教育结合起来，才能教育广大职工立足本职、面向未来。四是公正性原则。一个人在产生公平感时，会心情舒畅，努力工作；而在产生不公平感时，则会怨气冲天，大发牢骚，影响工作的积极性。公平激励是强化积极性的重要手段。因此，工会主席在领导活动中，在分配、奖励、使用等方面要力求做到公平、合理。五是目的性原则。任何教育激励都有一定的目的，围绕这个目的设计教育内容，采用教育方法才是切实有效的。工会主席教育激励的目的就是提高广大职工的素质，调动起他们的工作积极性，并以培养“四有”职工队伍为目的。六是民主性原则。民主性原则是我们党思想教育的优良传统和作风，是工会主席发动群众、团结群众、激励群众的重要原则。工会主席的教育激励活动一定要从群众的利益出发，用民主的态度和方法，平等地交流、讨论，以理服人，才有实效，才体现了民主的原则。七是竞争性原则。市场经济鼓励竞争，工会主席要教育群众树立危机意识，提高竞争能力，否则就会被社会淘汰。

◆知识链接

激励和保健

美国心理学家和领导理论学者弗雷德里克·赫茨伯格提出著名的“激励与保健因素理论”即“双因素理论”。他认为，在工作中，有两类因素以不同的方向影响人们的行为。一类因素可以调动人们努力工作的积极性，引导他们有更好的工作表现，这类因素就是激励，如绩效奖金、晋升提拔、带薪休假和成长发展的机会等。另一类因素虽然难以调动工作积极性，但却可以防止人们的不满情绪，这类因素就是保健，如基本的收入、良好的工作条件、工际关系的改善以及基本医疗和养老保险等都属于保健因素。保健因素是必需的，没有它会导致不满，但是保健的作用往往是有限的，要调动积极性还要在保健的基础上注重运用激励。

需要注意的是，保健因素主要属于工作环境和工作关系范畴，激励因素主要属于工作本身和工作内容范畴。但是保健和激励在某些方面又有交叉，要注意二者的动态转化。

除以上原则外，工会主席还要将教育激励手段与日常思想政治工作结合起来，以保证激励手段运用的正确方向。同时，运用激励手段，要选择适当的时机、注重激励的效果。

二、工会主席的激励术

工会主席提高激励能力应着重掌握以下激励方法：

（一）制度激励法

制度激励主要是围绕思想政治工作制度、经济责任制和职工代表大会制等形成的激励方法。在运用制度激励方法时，要考虑到激励标准的制定问题。在制定激励标准时，既要体现激励的基本原则，有较高的目标价值和实际效果，又要考虑成功的概率，要结合本单位具体实际，与国家的激励制度相吻合。

（二）工作激励法

要给部属及职工委以恰当的工作，以激发他们的工作热情，这主要包括两方面的内容：一方面是工作的分配尽量考虑到个人的特长和爱好，使人尽其才，人尽其用；另一方面还要使工作的要求既富有挑战性，又使下属敢于接受。

（三）荣誉激励法

荣誉激励的方法，主要体现在对个人、对集体的荣誉表彰、奖励、表扬及鼓励中，简便易行，又容易为广大职工群众所接受，是激励教育职工群众的常用方法。

正确评价一个人的工作成果，也是激发下属积极性的一个重要因素。工作评价是一种精神上的报酬，主要指通过各种形式的表扬，给予一定荣誉。对工作成果的评价会影响人们在下一环节工作的行为，要从荣誉激励的角度来持续、有效地调动下属的积极性、激发职工群众的工作热情。每个人在为集体作贡献时，都有一种自豪感和荣誉感，即使是一位相对后进的职工，在其生活、工作中也会有部分优点存在，个人的这种自豪感、荣誉感以及优点和长处，一般都希望得到他人或集体的肯定和尊重。因此，在发现职工中的先进事迹和成绩时，应适时给予表扬和鼓励。另外，个人的努力与奋斗只有同集体联系在一起，才能取得更大的成绩，获得更多的满足。集体的优良环境也使个人的全面发展成为可能，对集体的奖励、表扬和鼓励，不仅使个人产生荣誉感，也有助于培养职工的集体主义观念，从而提高职工队伍的整体素质。

（四）榜样激励法

榜样是人们行动的参照系，也是一种催人奋进的激励力量。榜样激励法，主要是通过对集体、个人的荣誉表彰和奖励，在总结、分析的基础上，树立集体或个人的典型、榜样来起到激励职工群众的作用。

工会主席通过调查研究，从职工队伍的实际出发，树立过硬的榜样和典型，既具有真实性，又具有群众性。榜样应该是思想先进，成绩优秀，品格高尚，但又不是高不可攀。榜样的真实可信，才能得到职工群众的认可，才具有号召力和影响力，才能起到激励效应和教育作用。工会主席要根据广大群众的要求，既要树立开拓创新的典型，又要树立埋头苦干的典型；既要树立老职工的典型，又要树立青年职工的典型。在具体实施时，要实事求是地宣传先进事迹，激发大家赶学榜样的动机，还要关心榜样的成长，使其不断进步并保护好典型。

（五）情感激励法

情感激励法就是通过建立良好的感情关系，激发广大职工的工作热情，从而达到提高工作效率的目的。情感激励法是工会主席常用的一种激励法，因为工会主席与广大职工群众有着密切的联系，这种与群众之间的深厚感情，可以激发职工忘我地工作。工会主席与职工群众之间的互相关心、互相帮助、互相鼓动、互相协作，形成一个强有力的战斗集体，而工会主席为职工群众办实事、解决具体困难、“送温暖”等活动，都会使对人的情感激励与解决职工的具体困难有机地结合起来，使情感激励法成为工会主席最有效的激励方法之一。

（六）培训教育激励法

培训教育激励法主要指工会主席通过思想、文化教育和技术知识培训，提高广大职工的素质，增强其进取精神，激发其工作热情。职工的工作热情通常与自身的素质有很大的关系。自身素质好的人，进取精神强，对自我实现的要求较高。因此，工会主席通过培训教育提高职工素质，以增强他们自我激励的能力。

第24种 凝聚能力

一、激励与凝聚

习近平同志强调："越是处于改革攻坚期，越需要汇集众智、增强合力；越是处于发展关键期，越需要凝聚人心、众志成城。"领导重在用人，用人重在激励以形成战斗力，激励旨在凝聚以形成凝聚力。因此，工会主席既要把握激励的逻辑，掌握激励的方法艺术，更要凝聚共识，凝聚人心，凝聚力量。

领导力由决策力和影响力两大要素构成。领导影响力的提升重在激励和凝聚两个环节，先激励后凝聚，激励重在形成动力，凝聚旨在形成合力。激励是手段和前提，凝聚是目的和结果，激励和凝聚必须紧密结合起来，才能真正放大和实现领导影响力。

领导重在用人，用人重在激励，激励旨在凝聚。工会主席的主要职责，不是去干具体事务，而是要善于总揽全局，定方向、带队伍。领导工作的本质不仅仅是领导干部自己能干，更重要的是激励和凝聚众人一起干。工会主席要树立正确的用人理念，领导用人并非仅仅是使用人，而是重在影响人，重在激励人和凝聚人。

用人重在影响人。"用人"从狭义上来说是使用人，从广义上来说则是影响人。一方面，要通过以身作则、率先垂范来影响和带动下属；另一方面，还要想方设法影响领导和相关领域的其他人。作为工会主席，不仅要充分发挥下属的积极性，还要赢得党政和上级工会的认可以及工会组织之外其他人的支持。对于职工群众，工会主席没有权力去使用他们，而只能借助软权力来影响他们，通过主动沟通，激励感召，善于协商，赢得认同。而且，从严格意义上来说，人并非工具，人是不能被使用的。用人的实质是使人有用，使人发挥积极作用。因此，用人重在影响人，通过影响赢得认同，从而凝聚力量，干好领导工作。

用人重在激励。激励是指激发、鼓励和调动人的热情和动机，使人们潜在的工作动机尽可能充分发挥和维持，从而更好地实现组织目标的过程。工会主席激励的实质是将自身的动机和热情有效传递给工会干部和职工群众的过程，这个过程不仅仅是动力的传递，更是动力的放大和倍增，以便职工群众最大限度地强化动机、激发热情、释放潜能。因此，工会主席用人要把重点放在激励上，如何调动影响工会干部和职工群众的积极性是用人的关键。

既然激励是一个动力的传递和放大过程，首先要求工会主席自身要有充足的动力和正能量，只有自己充满激情，能量充足，才有可能用自己的动力和能量去影响追随者。因此，工会主席要激励工会干部和职工群众首先要激励自己，把自我激励和激励他人结合起来。激励自我是手段和前提，激励他人是目的和重点。工会主席领导激励的三部曲：第一步是自我激励。一个人连自己都激励不起来是不可能激励他人的，没有自我激励就没有影响力和领导力。工会主席以身作则就是自我激励，它是领导工作的起点，既是逻辑的起点，又是实践的起点。第二步是激励他人，激励众人，使众人行，这是激励的重点。通过激励他人、鼓舞他人，整个团队、整个组织的士气就会振奋起来，朝着同一个目标前进。第三步是相互激励，即工会主席激励工会干部和职工群众，工会干部和职工群众也反过来激励工会主席。只有相互激励才能提供做好工会领导工作的持续动力。

激励既是一个整体，又是有层次的。激和励是有差别的，激在行为之前，是激发，是让一个人有意愿去干、有兴趣去干、有信心去干。励在行为之后，是奖励和鼓励，是对一个人行为的评价和反馈，如果干得好，给他表扬和鲜花；如果干得不好，就要批评和纠正，必须及时对工会干部和职工群众的行为进行评价。有效的激励要先激后励，尤其是要保证激和励的一致性，在激与励一致的基础上以励促激。

激励旨在凝聚。如果缺少激励的环节，每个人的能量没有激发出来，工会主席再怎么凝聚也形成不了合力，那就如同再多的零加起来仍然还是零。如果只有激励、缺少凝聚，即使每一个人的能力和热情都被充分地激励起来了，每一个人都有很强的战斗力，但是由于没有凝聚起来形成合力，必然还是一盘散沙，甚至还有可能各自为政、相互拆台，结果整个组织不是一个战斗堡垒，而是“堡垒里的战斗”。因此，工会主席必须善于把激励和凝聚结合起来，在激励的前提下凝聚，在凝聚的基础上激励。激励、凝聚，再激励、再凝聚，整个工会领导活动必然就会有序展开、有效实现。

工会必须凝聚职工群众的力量。凝聚就是要最大程度求同存异，最大程度追求最大公约数，把激发起来的、每一个人的动力，统一到组织愿景和决策目标上来，广泛凝聚共识，形成合力。凝聚既要凝聚人心也要凝聚力量，凝聚人心是前提，凝聚力量是目的。凝聚要遵循先我后他、先内后外的逻辑。如果说凝聚是一个同心圆，最内的一个圆是工会领导班子之间的凝聚力，再大的一个圆是一个工会组织的凝聚力，最外的一个圆就是职工群众的凝聚力。

领导凝聚主要有制度约束和价值引导两种手段。制度约束是“硬手段”，价值引导则是“软手段”，凝聚力量必须“软硬兼施”，而以价值引导为主。制度约束强调发挥法律法规、党纪国法等方面硬性约束的作用，价值引导强调发挥社会主义核心价值观、中国梦和共同愿景等方面柔性引导的作用。

工会主席有时候可以发挥逆境凝聚的作用，把工会组织面临的困难如实地告诉职工群众，使他们知道真实的情况和险恶的处境，从而赢得他们的信任，进一步激发众人同舟共济、攻坚克难。逆境凝聚的实质是借助适度的外部压力来凝聚人心。一般来说，当工会组织遇到外部压力时，职工群众很大程度上会把内部矛盾和问题放在一边而一致对外，迎战困难，这样有利于强化团结意识，提高职工群众的战斗力和凝聚力。

二、工会主席凝聚力的提升

领导凝聚力的形成也是一个持续激励的过程，是整个组织团队聚焦、聚神、聚力的过程。领导凝聚力的提升一定要与领导意图和决策目标相一致。

（一）领导激励与价值导向

人的行为遵循“需要—动机—行为—目标”的逻辑：需要引起动机，动机引起行为，行为指向目标。深刻理解人的行为逻辑有利于我们把握激励的着力点，更重要的是它为我们指明了提升领导凝聚力的具体路径。这里的“目标”是激励和凝聚的连接点，同样也是提升凝聚力的着力点和价值导向。一是满足职工群众的合理需要，二是激发职工群众的积极动机，三是鼓励、强化职工群众的正确行为，四是引导职工群众的奋斗目标趋于组织的目标。因此，领导凝聚力的形成过程就是个人的奋斗目标趋于组织目标的过程。在这一过程中，工会主席应该遵循以下逻辑步骤进行激励：

一是满足职工群众的合理需要，这是领导激励的逻辑起点。人人都有需求，需要被关注、尊重、赞赏，需要成就感，所以，激励首先就要满足人的需要，而需要又是有层次，有先后顺序的。因此，领导激励时必须尽量满足职工群众合理的、优势的需要，这样就能达到事半功倍的效果。按照马斯洛的需要层次理论，人的需要可以由低到高分为五个层次：第一层是生存需要；第二层是安全需要；第三层是归属需要和人际关系的需要；第四层是尊重的需要；第五层是自我实现的需要。在同一时间，不同的职工群众有不同的需要，有的希望得到信任、尊重，有的希望得到更多的收入、报酬。在不同的时间，同一个职工群众也有着不同的需要。这就要求工会主席善于识别职工群众的需要，并全力满足他们的合理需要和优势需要。当然，满足职工群众的合理需要是有条件、有限制的，工会主席只能根据现有的资源，根据工作的需要尽量地在满足合理需要上下功夫。

二是激发职工群众的积极动机，这是领导激励之“激”的阶段。这一阶段既是激励的重点，又是凝聚的重点。职工群众的各种需要引起了他们的欲望、热情、动机、潜能，其中既有积极的因素，也有消极的因素。领导凝聚时只能着力于积极因素的发现和积极动机的激发，对消极的动机不但不能激发而且还要加以抑制。积极的动机与合理的需要是一致的，合理的需要引起的是积极的动机。

三是鼓励职工群众的正确行为，这是领导激励之“励”的阶段。这一阶段是激励的第二个重点，也是凝聚的关键。工会主席如果发现职工群众的行为符合工会组织发展的方向，符合决策的目标，符合领导的意图，那么，这种行为就是正确的，就是需要激励的。因为，职工群众的正确行为必然是指向工会组织目标的，工会主席要对职工群众的正确行为及时地进行鼓励和奖励，这样他们正确的行为就会再次发生、频繁发生；而且，其他人看到这种行为得到了鼓励和奖励，也会效仿类似的行为，正确的行为就从一次行为变为多次行为，从偶然行为变为习惯行为，从个体行为变为群体行为。这种行为强化的最终结果，必然会促进工会组织决策目标和领导活动意图的有效实现。

四是引导职工群众的奋斗目标，使之与工会组织的长远目标和愿景一致起来。职工群众的奋斗目标是个体的、分散的，他们的积极性一旦被激发，工会主席就要花大力气引导他们个人的奋斗目标，使之与工会的决策目标和组织价值导向一致起来，要对与决策目标一致的个人目标加以鼓励和奖励，与决策目标不一致的个人目标加以引导，通过激励机制的激发，通过社会主义核心价值观的影响，让职工群众自愿地把个人利益与组织集体利益一致起来，把个人奋斗目标与组织奋斗目标结合起来，从而凝聚人心和凝聚力量。当然，引导职工群众个人的奋斗目标离不开对他们正确行为的及时鼓励，离不开对他们积极动机的激发和合理需要的满足。

（二）领导沟通与赢得认同

凝聚力的实质是职工群众都主动追随工会主席，都愿意服从工会主席的工作部署和安排。而职工群众之所以愿意追随工会主席，从根本上说是因为都认同工会主席这个人，也认同工会主席要做的事。这一过程，遵循的是先认同人、后认同事的认同逻辑。因此，工会主席在赢得职工群众认同的时候，要把职工群众对人的认同和对事的认同紧密地结合起来，把认同人作为赢得认同的重点。同时，赢得认同离不开有效沟通，工会主席的有效沟通应该分作以下四个阶段，循序渐进，逐步推进。

第一步是外求共同点，重在信息沟通。沟通的第一步，最起码可以从外表来寻求共同点。比如，年龄差不多、阅历差不多、利益差不多，这都是工会主席沟通时可以寻求的共同点。许多人在最初见面时，往往会从老乡关系、性格、兴趣爱好等聊起，实际上，这就是沟通的开始——外求共同点。共同的语言、共同的习惯，这些虽然不是最重要的，是表层的，但却能有效地帮助工会主席打开沟通之门。

第二步是内求共鸣感，重在情感沟通。一般来说，共同点找到得越多，沟通双方在思想、认识、感情、心理上产生的共鸣感就越强。这种共鸣感在沟通的过程中发挥着极为重要的作用。在共鸣、共振的同时，工会主席与职工群众之间的心理距离就会越来越近，感情距离就会越来越近，认识距离也会越来越近。慢慢地，双方的思维、双方的情绪就会共振共鸣，于是，双方也就很容易想到一起、走到一起。

第三步是深求共识度，重在思想沟通。认同的过程是一个由外到内、不断深化、不断强化的交流过程。先是寻找共同点，这是浅层次的、外在的、一般性的沟通；然后追求共鸣感，这是深层次的、内在的、情感的沟通；最后是最重要的思想认识沟通，即追求并强化共识度的沟通。就一般规律而言，寻求的共同点越多，得到的共鸣感也就越强；得到的共鸣感越强，则双方的共识度也就越高。

第四步是实求影响力，重在人格认同。在领导工作中，在决策的实施过程中赢得决策执行者的认同是极为重要的，因为，工会主席只有赢得了职工群众对自己人格的认同，才能真正产生信赖感、服从感。所以在工会主席的领导活动中，沟通是手段，认同是目的，人格沟通才是最重要的。职工群众只有认同了工会主席的人格，才可能自觉认同和执行工会主席的决策。于是，职工群众的战斗力和领导的凝聚力就得以同时提升。

（三）共建愿景与凝心聚力

凝聚人心重在共建愿景。愿景是希望实现、可以实现而且务必能够实现的美好前景。目的明确的愿景能够有效地激发人们的抱负和承诺，激发人们的积极性和创造性。要建立共同愿景必须要有共享的价值观念。共建愿景既承认个体的差异，又寻求共同的价值，这也是建立共同愿景的要旨和难题，同时更是领导工作和领导艺术的精髓。解决这个难题的办法只能是兼容和协商，只能是求大同存小异，要在承认差异的基础上寻找更多的共同点，寻找共同接受的价值准则。为此，工会主席需要把握以下三个主要方面：

一是要善于描绘愿景。首先要想象各种可能的未来，从中找到共同的奋斗目标。共同目标，意味着它对每个人都是有价值的，每个人都认为为之付出是值得的。因此，明确共同目标就需要工会主席了解职工群众，了解他们的需求，倾听他们内心的声音，从而找到他们都能够认可的共同目标。共同的愿景能够给人以力量、给人以方向。

二是要善于感召他人。共同愿景必须对每个人都有吸引力，使得大家都愿意付诸行动、付诸实践，都愿意全身心投入实现共同愿景的洪流中去。这就要求工会主席要把共同愿景和每个人的梦想联系起来，激活每个人的愿景和每个人的奋斗目标。

三是要善于凝心聚力。凝心聚力的关键，就是要求工会主席要集中精力，集中注意力，一心一意谋发展，聚精会神搞建设。愿景和目标定了，关键是落实，不能一有风吹草动就分心乱神。有了共同愿景，就有了共同的努力方向和奋斗目标，职工群众的行为就容易与工会主席一致起来，更加自觉、更加主动、更加积极，从而使工会领导活动“自动”地开展起来。

第25种 服务能力

一、创建服务型工会的必然要求

工会是中国共产党领导下的工人阶级组织，其成立的主要宗旨就是为广大工人阶级服务、维护好职工群众的合法权益。随着我国经济社会的发展和职工队伍的复杂化，工会组织也需要进行改革和创新，提高服务能力，以适应新时期职工对工作职能的要求。要把服务工作做到极致和完美，就必须提高工会组织和工会干部的服务能力，这是工会做好一切工作的根本保证和基本前提。因此，工会主席必须强化服务意识，提高领导服务能力。

一些工会主席对“领导就是服务”的理解还是比较肤浅的。他们认为关心群众生活、提供职工福利就是服务的全部内容，这是不全面、不准确的。我们今天所说的服务并非仅仅是后勤意义上的服务，而是由工会主席向职工群众提供的具有特殊意义的领导服务。工会主席为职工群众搭建舞台，提供灯光布景，让他们去演威武雄壮的活剧；工会主席为职工群众提供宽松的环境和必要的条件，让他们心情舒畅地去做好本职工作，这才是真正的服务创新。

具体来说，工会主席为职工群众服务的方式，除了维护职工的合法权益和切身利益之外，还包括以下方面：一是为职工群众提供环境和条件，重点是要为职工群众营造工作需要的和谐环境和文化氛围，提供他们工作所需的软条件。二是为职工群众提供平台和舞台，重点是提供可供他们施展才华的平台。三是为职工群众提供辅导和指导，帮助他们提高能力和素质，帮助他们不断地进步和成长。

◆知识链接

邓小平提出“领导就是服务”

1985年5月19日，邓小平在中共中央、国务院召开的全国教育工作会议上的讲话中，对热衷于发指示、说空话而不为群众干实事的领导作风进行了严肃的批评，强调指出：“什么叫领导，领导就是服务。”

与直接的领导决策和用人相比，领导服务的最大特点是间接性和柔隐性。工会主席通过设计和营造各种情境来影响职工群众，从而间接地、巧妙地达到目的，实现领导活动的价值。因此，领导服务的作用往往是潜移默化的，是春风化雨的，是不易被观察和被感知的，它体现为人的内心的一种体验和感受，体现为一种微妙的心理和认同。而且，领导服务的方式是多样的、叠加的，而不是单一的。既可以通过工作氛围、营造环境去影响职工群众，也可以通过领导制度、组织文化等情境去影响职工群众，多种情境因素的叠加作用会使得领导力的效果更加明显。

工会主席的主要工作不仅仅是事事出主意、处处用职工群众，更不是事无巨细地包办代替他们去干事情。毛泽东和邓小平最卓越的领导艺术可以说是“举重若轻”。很显然，“举重若轻”就是超脱的、简约的，就是重在做好服务工作，营造良好的领导情境，激励职工群众去挑大梁、当主角。“领导就是服务”的观点不仅指明了领导工作的本质所在，而且指明了做好领导工作的有效方式。向职工群众提供服务，向职工群众提供他们无法“替代”的服务，这是新时期工会主席的主要职责，也是他们富有成效的主要领导方式。服务型领导更有利于社会的进步，更有利于激发职工群众的积极性和创造力。

二、不断提高服务能力和水平

要把服务工作做到极致和完美，就必须提高工会主席的服务能力，这是工会做好一切工作的根本保证和基本前提。

（一）体现以服务为本，充分发挥工会的纽带作用

工会是职工的娘家人，参与和谐社会的构建，就要发挥工会组织的桥梁纽带作用，通过上下纵横的组织体系和人数众多的积极分子，建立职工思想信息反馈机制和多层次、多渠道的信息传递网络，及时掌握职工的各种心态，洞察职工中的各种不稳定因素，了解他们的意见和呼声，预测和分析职工队伍中可能出现的问题，并及时准确地反映出来，为决策提供第一手材料，创造基本的条件。

职工是做好一切工作的基础，服务好职工是工会工作的责任。对于职工的困难和要求，工会主席要以高度的责任心将每件事情办得及时，做到不推诿、不敷衍、不拖延，使当事人及时得到工会的帮助。为了更好地服务职工，维护职工利益，工会主席应努力为职工创造一个宽松、和谐的氛围，对职工的事情要做到热情接待，真诚服务，耐心地听取他们的呼声。要加强与职工交流沟通，要树立“关爱”意识，从细小处关心和爱护职工，为他们排忧解难。努力提升亲和力，讲求“人性化服务”，做到为职工服务有耐心、不急不躁，努力把法理合情化，通过解释和疏导，尽量让职工满意。工会主席要在实际工作中积极探索方便为职工服务的办法和措施，有助于职工行使权利。工会主席要树立“勤民”意识，对职工反映的问题要及时办理，使工会真正成为职工的娘家人。在为职工服务过程中，要热情、耐心，让职工真正感觉到有回家的气氛，对于职工反映的问题，如属于工会管的，要积极办、认真办，办得让群众满意；不属于工会管辖的问题，在及时转办的同时，帮其尽快找到解决问题的途径，为他们牵好线、搭好桥、指好路，勤于跟踪服务，使职工提出的问题能够得到妥善的、合理合情的解决。

（二）创新服务机制，不断适应企业发展新要求

工会是职工合法权益的代表者和维护者，坚持以职工为本，推动和谐企业建设，是工会义不容辞的职责。传统的工会工作模式和工作方法与当前的新形势还有不相适应的方面，主要表现在：一是思想观念还未真正做到与时俱进，工会在思维方式上显得滞后，缺乏创新与活力；二是工作方法滞后，工会工作方式与基层实际和职工需求贴得不够紧，缺乏针对性和实效性；三是缺乏“挺身而出”精神，在职工利益被侵犯时，工会有时做不了主，显得软弱无力，失去了职工群众的信赖；四是工会干部队伍素质有待进一步提高。知识经济信息时代的到来，要求工会主席必须强化自身素质，加速知识更新，应从以下几方面着手做好工作：一是加强学习，不断转变思想观念，树立敢为人先的思想，进一步提高认识问题、分析问题、解决问题的能力；二是增强服务意识，增强工作责任心，工作在做深、做细、做实上下功夫，始终把职工冷暖放在心上，切实解决他们的实际困难；三是敢为职工说话，当好职工的代言人；四是不断提高工会干部的自身素质，适应新形势下工会工作的需要。

（三）履行好工作职责，积极为职工排忧解难

维护职工合法权益是工会的基本职责，要履行好这一基本职责，必须把职工情况摸清摸透，做到心中有数。首先，要认真调查了解职工群体的实际情况，及时了解掌握他们的思想动态、收入来源、生活情况以及迫切需求，既要从宏观上把握职工群体的变化趋势，又要从微观上关注职工个体的具体状况；既要关心他们不同的经济利益，又要关心他们共同的政治权利，用多样化的工作方式贴近不同职工群体，有针对性地开展工作。其次，要积极参与协调企业不同职工群体间的利益关系。要按照公正、公平、公开的原则，协调不同职工群体间的利益关系，帮助化解职工内部矛盾，稳定职工情绪，千方百计地调动职工的积极性。再次，工会真正有效地履行维护职能，在参与企业民主管理中抓维权，在积极调解处理劳动关系中抓维权，在帮扶困难群体中抓维权，通过拓宽维权途径，创新维权载体，完善维权方式，来增强维权实效，切实发挥好工会在维护职工自身利益中的作用。最后，在具体工作中，以解决职工群众最关心、最直接、最现实的利益问题为重点内容，以困难职工为重点对象，实实在在地为职工办实事、办好事。建立送温暖活动的长效机制，使送温暖活动做到经常化、制度化、公开化和人性化。

（四）强化意识，增强能力，不断提高工会干部队伍素质

要提高工会干部队伍素质，必须强化三个意识：一是强化大局意识，坚持理想信念，思想上、政治上、行动上要同党中央保持高度一致，紧紧围绕企业的生产经营开展工作；二是强化责任意识，树立强烈的事业心、责任感和敬业精神，把工作当作事业去做；三是强化群众意识，提升服务质量，善于思考、勤于思考，不断改进工作方法，置身于群众，倾听职工群众的呼声和要求，了解他们的安危和冷暖，敢于为职工群众说实话、办实事，实实在在地为他们服务。同时，工会干部还必须增强四种能力：一是增强观察、分析、判断、解决问题的能力，遇事观察清、分析透、判断准，做到有的放矢、事半功倍；二是增强语言表达能力，接待群众、处理问题时要讲得清、说得明；三是增强处理问题化解矛盾的能力，要学习政治、经济、法律等各种知识，掌握政策，充分运用领导艺术；四是增强协调沟通的能力，不断提高办事效率。只有工会干部的政治素质、文化素质和业务素质提高了，才能适应并不断开创工会工作的新局面。

第26种 非权力性影响力

一、非权力性影响力——比权力更大的权力

现代领导科学认为，领导主要功能是影响力。领导者的影响力是指领导者有目的、有成效地影响、控制和改变被领导者的意志，实现领导目标的能力。领导者的影响力包括两个方面：权力性影响力（又称硬权力）和非权力性影响力（又称软权力）。工会的基本职责是维护职工的合法权益。工会主席的工作更多的是服务职工群众，主要依靠的是非权力性影响力。

权力性影响力又称强制性影响力，主要来源于法律、职位、习惯和武力等，权力性影响力对人的影响带有强迫性、不可抗拒性，它是通过外推力的方式发挥其作用的。非权力性影响力是指领导者除权力性影响力之外的，通过自身的品质、作风、知识、能力及行为榜样等因素而引起被领导者的敬佩、敬爱、信任，从而吸引人、感召人的影响力。非权力性影响力既无正式规定和授予形式，也无法定权力的命令与服从的约束力，但其影响力却比权力性影响力更加广泛持久。

与刚性的权力性影响力相比，非权力性影响力有如下特点：一是形成的自然性。非权力性影响力又称自然影响力，是由领导者的品德修养、知识水平、生活态度、情感魅力以及工作实绩和表率作用等素质和行为形成的，比权力性影响力具有更大的力量。它靠的是发自内心的情感，这种情感表现为领导者对下级的态度，并决定着下级是发自内心的接受或以消极的方式对抗。二是执行的非强制性。非权力性影响力对下属的感召

力、吸引力及下属对其形成的信赖感、认同感、服从感和追随感，没有丝毫胁迫和勉强，既不与权力大小成正比，也不与权力进退相始终。三是影响的持续性。非权力性影响力超越职位和时空，即使不在领导职位，这种感召力、追随力依然存在。四是影响的广泛性。在领导实践中，非权力性影响力往往可以超出领导者自己的职权范围，在更大的范围内产生影响作用。

知识链接

硬权力和软权力

权力的本质是影响力。其主要来源有二：一种是强制性的影响力，即依靠职位权力和强制性权力的影响力，一般称为硬权力，与职位和强制相对应，通常通过上级的命令发生作用，所以一般没有讨价还价的余地，且不容怀疑，必须执行。另一种是非强制性的影响力，即依靠非职位权力和非强制性权力的影响力，一般称为软权力。它与职位无关，与领导者个人的能力、魅力和魄力密切相关，具有非强制性，能影响他人自觉自愿地按领导的意图去行动。

构成非权力性影响力的因素主要有以下几个方面：一是个人品格因素。高尚的道德品质，是领导者非权力性影响力的重要构成因素。二是才能因素。作为领导者，才能是必须具备的基本条件，主要包括理解党的方针政策、吃透上级精神的能力，解决问题的能力，决策、指挥、组织等方面的能力，应对和处理突发事件的能力，观察力和思维能力等。三是知识因素。知识要具备一定的“广”和“精”。“广”就是广泛掌握各种知识，“精”就是要在广泛涉猎的同时，有针对性地进行学习。四是工作作风。这里的工作作风更多的指领导风格和领导形象。五是情感因素。情感因素是指领导者能体贴关心下属、平易近人、和蔼可亲、感情融洽，能使下属产生亲切感的影响因素。

二、工会主席如何提升非权力性影响力

（一）道德修养，以高尚的个人品格影响人

工会主席干事业，一靠真理的力量，二靠人格的力量。树立威望靠权势地位不行，靠能力、水平也不够，还要辅之以人格魅力。对崇德重义的工会主席，职工群众信任他们、托付他们，有委屈、有意见，都愿意向他们倾诉。

领导者提升道德品质修养，应从以下几个方面入手：

首先，要在思想上树立科学的世界观、人生观和价值观，以及正确的权力观、利益观和地位观等。前者是形成优秀个人品德的基础，后者是打造良好个人官德的前提。这两个方面的提升，对工会主席来说都是不可或缺、至关重要的，它们共同构成了工会主席道德品质的根基。

其次，为人公正，办事公道。公正，是公平和正义的合称之意，公正是领导工作的题内之义，是领导工作的永恒主题。对于工会主席而言，办事公道是一个最基本的要求。这就要求工会主席一要以为职工群众服务为宗旨，真正做到办事公道，不徇私情。二要在工会工作中做到公平、公正、公道，不徇私情，不以权害公，不以私害民，不假公济私。这也是社会主义职业特征的体现。三要做事讲原则，无论对人对己都要坚持实事求是，出于公心，不挟私欲，不畏权势。四要光明磊落，不谋私利。光明磊落是指做人做事没有私心，胸怀坦白，行为正派。不谋私利就是不能把手中的权力作为自己谋取不正当利益的工具，不贪污受贿，不占公家的便宜，老老实实做人，干干净净做事。

再次，为人师表，率先垂范。工会主席的影响力不在于喋喋不休的说教，而重在示范；不靠美丽动听的言辞，而靠榜样的带动。榜样往往有着比书本更大教化效应，在其作用下，被影响者的心理和行为表现为心悦诚服的效仿。与那些通过各种强制性外力使人产生敬畏和被动服从的影响力相比，它的穿透力要来得更深入、更长久。

（二）多读书，读好书，增加知识量和书卷气

一个称职而成功的工会主席，除了具备崇高的品德、优良的作风这些基本条件外，还应具备广博的学识，以获取职工群众的信任。因此，工会主席要提升非权力性影响力，就必须善于学习。不但要学习基础理论知识，即马克思主义哲学、政治经济学、科学社会主义、市场经济、党的历史、时事政治等，还要学习工会业务知识，以及思想政治工作的理论、原则、方法。通过学习，增长知识，增长才干，做到足智多谋，使人心悦诚服。一方面要注意学习的广泛性，不但要争当工会工作的专家，还要做业余生活的内行，琴棋书画都要学；另一方面要注意学习的超前性。当前社会经济和信息技术的快速发展，要求工会主席更要有强烈的求知欲望和刻苦的钻研精神，要比职工群众先学一步，早知道一些。只有不断地更新知识，充实自己，才能比职工群众站得高、看得远，业务研究得深，从而使职工群众信服。

（三）掌握领导科学，提高领导能力

工会主席领导能力的高低，不但关系其个人形象和威望，而且影响着全体员职工的士气与信心。工会主席领导能力的提升应注重以下几个方面：一是提高总揽全局的能力。工会主席要有长远眼光和全局观念，要以宽广的眼界看问题，要以前瞻的思维谋发展。二是提高科学决策的能力。对于工会主席来说，决策能力至关紧要，有人将决策比喻为“生死之地，存亡之道”，因决策失误造成重大损失的例子比比皆是，教训深刻。三是提高知人善任的能力。高明的工会主席不是自己事必躬亲、大包大揽，而是能根据部属的特长，合理调兵遣将，把每一个人的潜力都发挥到极致。四是提高协调沟通的能力。工会主席必须寻求有效的途径来协调沟通好上下级、同级以及职工群众之间的关系，使工会组织内外部关系融洽，大家心往一处想、劲往一处使，从而形成最大的合力。五是勇于开拓的创新能力。工会主席不仅要有开阔的眼界、创新的思维，更要善于创造每一个职工发挥个人才能的机会，激励职工积极进取、勇于开拓。

（四）重视感情培养，搞好人际关系

重感情，一是指工会主席对所从事的工作要有感情。对工作有感情，就会珍惜职工群众赋予自己的权力，就会自重、自省、自警、自励，成大事，干大业。二是指工会主席在工作中要注重感情投入。落实政策、贯彻工作、实施方案、组织活动，都要善于融理于情，既要坚持原则、摆正道理，又要注重感情、讲究方式。做思想工作要善于寓情于理，切忌“三分道理七分蛮”，态度粗暴、方法简单。要多做和风细雨式的说服、帮助、教育工作，善于用事实讲道理，不能以势压人。三是指工会主席在工作作风上要体现人情味。凡是谦虚谨慎、作风民主、体察下情、待人热情的工会主席，一般都有较高的影响力。相反，缺乏人情味、对下属和群众冷冰冰、靠权势压人、爱耍威风的工会主席，则很难得到群众的信任和爱戴，天长日久势必脱离群众，走向孤立。

工会主席的人际关系可分为工作和生活两个方面，当然，有时候二者是重叠交互、难以分清的。从工作的角度讲，工会主席要做到对待上级充分尊重而不盲从，对待同级积极配合，对待下级关心帮助，既要在心理上珍惜这份合作共事的特殊缘分，又要在实践中坚持平等交往，培养绿色健康的人际关系。从生活的角度看，工会主席要想赢得职工群众的爱戴和拥护，就要拉近、消除与职工群众的心理距离，不高高在上、盛气凌人，不摆架子、耍官腔，待人和蔼可亲，与职工群众打成一片；要以实际行动体恤民情，倾听群众呼声，关心群众疾苦，想群众之所想，急群众之所急，办群众之所需，用真心换真情。

第27种 调查研究能力

一、调查研究——工会主席的基本功

调查研究是坚持党的实事求是思想路线和贯彻党的“从群众中来、到群众中去”的群众路线的根本要求，是工会工作的优良传统，也是工会主席领导工作中正确地了解情况、认识事物和处理问题的根本方法。工会主席是职工群众利益的代表者和维护者，更需要经常性地深入职工群众之中，了解他们的愿望和要求，并进行客观、科学的分析研究，作为工作的基础。因此，工会主席应努力提高调查研究能力，做好调查研究工作。

所谓调查研究能力即是指通过亲身的接触和广泛的了解，比较充分地掌握工会、职工或与之相关的客观实际的历史、现状和发展趋势，并在大量占有第一手材料的基础上，从中获得某些规律性认识，用以指导工会工作的能力。这种能力要求调查者能自觉地运用辩证唯物主义去认识客观事物，而不是就事论事，或简单地堆积调查材料。调查研究能力包括计量统计能力，即对调查研究的对象进行数据整理、计算、分析和推理的能力；观察预测能力，即运用常规的预测理论，对所调查的事物做出客观的、系统的、精确的观察和预测的能力。调查研究能力是工会主席必须具备的基本能力之一。

调查研究能力的运用主要有四个特点：一是系统性。调研的课题是由许多相互联系、相互制约并且有共同目标的因素、环节组成的一个有机整体。调研课题的提出绝非独立存在，问题的本身具有系统性、相关性。这就要求调查者能够运用系统的调研方法，提出问题和研究问题。二是能动性。发现问题和解决问题是调查研究能力的集中体现，具有很强的能动性。调研的内容是随时随地出现的，调查者必须具有敏锐的“问题意识”，能够在问题发生前，有所预见，及时研究，加以解决，充分发挥主观能动性。三是连续性。调查研究活动是一个动态的变化过程，相应地运用调查研究能力从事调查研究工作就具有一定的连续性，使调研工作不断深入。四是高效性。调查研究能力高低直接反映在全面、及时地掌握情况和认识其规律、促进工作上，因此，在调查研究时要讲求效率和效果，不搞“马后炮”、不做华而不实的表面文章。

调查研究能力的运用需遵循如下原则：

一是真实性原则。调查研究的真实性是从实际出发，实事求是。它要求调查研究必须如实、全面、本质地反映客观实际，反映事物的本来面貌，不能为达到某种目的而编造事实，望风捕影。坚持调查研究真实性要处理好三个关系，即现象与本质的关系、全局与局部的关系、现实与未来的关系。在调查研究时，必须正视现实，对存在的成绩和问题有正确的反映，同时又要面对现实，放眼未来，引导职工群众看到事物发展的必然趋势。

二是准确性原则。调查研究不仅要真实可信，而且必须具有准确性。这是调查研究的关键所在。由于调研活动往往要受到很多因素的限制，有时调查来的材料尽管全面，但难免粗糙、零散，甚至掺进一些非本质、非主流甚至虚假的东西。因此，要把握好三个环节：第一，有详尽材料，全面了解各方面情况；第二，周密分析研究，包括材料的一切方面、一切联系和“中介”；第三，如实得出结论，完整、准确地反映客观事物的本来面目。

三是量与质结合的原则。在调查研究过程中，必须详尽占有与调查对象有关的一切材料，而不能依据部分材料就下结论。同时要在一定量的积累的基础上实现质的飞跃。如果仅注意了调查材料的数量，而忽略了研究结论的质量，也就违背了调查研究的基本原则。

四是调查与研究相结合的原则。调查研究工作包括两个阶段：一是调查，即通过各种方式取得并掌握客观世界的各种实际情况；二是研究，即对所掌握的材料进行科学的分析研究，以探求事物的本质和规律。调查是研究的前提，研究是调查的深化和发展，二者是密不可分的统一体，坚持调查与研究相结合原则，就应该避免先入为主或借调研之名来迎合某种需要的倾向。

提升工会主席调查研究能力具有重要意义：

首先，它有利于工会主席发现工作中存在的问题。调查研究是工会主席的首要任务。工会主席领导工作概括地讲，主要是发现问题和解决问题，要发现问题就要调查研究，毛泽东同志有句名言，“没有调查就没有发言权”。因而也就没有对问题的处理权。所以，工会主席只有善于调查研究，才能获得解决问题的资格；也只有学会了调查研究，才能成熟地、卓有成效地运用各种方法处理问题、解决问题，因此，具有较强的调查研究能力，做好调查研究工作，应是工会主席必备的基本功。

其次，它为工会主席实现正确领导提供重要保障。工会主席领导工作过程就是一个不断调查研究、不断发现问题和解决问题的过程。从工会工作方针目标、决策规划的制定到工会的日常具体业务工作，无一不是在调查研究基础上形成的。工会主席是本单位的主要领导人之一，负有参与讨论、制定本单位有关发展目标、工作计划及具体规范的责任。因而要求工会主席经常性地深入调查研究，把职工群众的愿望和要求加以搜集概括，及时向党政提出自己的建议和方案，便于与党政领导人一起制定更加切实可行、符合职工群众意愿和要求的方针和政策。同时，作为工会组织的主要负责人，工会主席又承担着把上级工会组织和同级党组织的有关工作方针政策同本单位工会工作实际和职工实际结合起来加以贯彻的重要职责，而工会主席要制定出切合实际的目标、计划和落实措施，就必须做深入细致的调查研究，以取得对实际情况的深刻了解和正确把握，但这一切都需要靠工会主席较强的调查研究能力作保障。

最后，它是提高工会主席决策能力的基础和重要途径。调查研究是决策的基础，同样调查研究能力也是决策能力的基础。工会主席提高调查研究能力，做好调查研究工作，有利于虚心听取职工群众的意见和要求，学习职工群众的好办法、好经验，使自己形成符合客观实际的思想和方法，从而去指导职工群众的实践活动，经过实践的检验，再进一步修正和补充自己的思想和方法，使领导能力进一步增强，使领导活动更为有效。所以，工会主席坚持经常性地调查研究，既有利于密切了解和联系职工群众，也有利于提高自己调查研究和分析思考问题的能力，进而成为增强决策能力和领导能力的重要途径。

二、提升工会主席调查研究能力的方法和途径

提升工会主席调查研究能力，涉及诸多因素，需要从多方面努力，主要有以下几点：

第一，努力提高政治理论和政策水平。这是提高调查研究能力的根本前提。工会主席的调查研究，一般都与制定和实施政策措施相关。因此，必须坚持以马克思列宁主义、毛泽东思想、邓小平理论和“三个代表”重要思想、科学发展观为指导，认真贯彻党的路线、方针、政策，特别是工运方针政策。这就需要刻苦学习理论，熟悉党的方针政策和国家的法律法规，特别是工运方针政策和法律法规，从而提高认识和鉴别事物的能力，提高调研成果的政策水平。创新是社会进步的不竭源泉，也是工会主席调查研究工作必须遵循的重要准则，缺乏基本的理论功底，不知晓党的路线、方针、政策，特别是工运方针政策，没有创新思维，就难以提高调查研究能力，做不好调查研究工作，更谈不上提出有分量、有重要价值的调研成果。

第二，要善于抓事关全局、事关职工群众利益的重大问题。工会主席的调查研究是直接为党政和工会自身决策服务的，因此，要想大事、议大事，着重调查和研究事关改革、发展、稳定大局和工会工作全局的突出问题，着重调查和研究解决职工群众关心的热点、难点和重点问题。只有紧紧抓住这些重大问题进行调查研究，敏于观察形势，勤于思考问题，善于见微知著，工会主席才能不断提高调查研究能力，把握事物发展规律，多

出有重大价值的调研成果，从而在参与党政决策和工会自身决策中发挥更大作用。

第三，坚持实事求是的作风。工会主席搞调查研究不是好大喜功，只听喜不听忧，或以自己的口味定优劣。对某一问题的认识，特别是对复杂问题的认识，需要从多方面观察，多听各种不同的尤其是相反的意见和看法，并根据自己观察的结果和各方面的意见、看法进行综合加工，了解问题的真相，作出正确的判断。要杜绝那种想当然、偏听偏信、走马观花、不求甚解的作风。要想通过调查研究了解事物的客观真相，工会主席就一定要坚持实事求是的作风。

第四，广泛听取职工群众意见。群众是真正的英雄。工会主席调查研究的过程，也就是向职工群众学习的过程。工会主席做调查研究工作，必须不摆架子，扑下身子，深入基层，深入群众，拜职工群众为师，和职工群众交友。“问问家长里短事，听听鸡毛蒜皮言”，同职工群众一起讨论大家关心的问题。既要了解职工群众盼什么，也要了解职工群众怨什么；既要听职工群众的顺耳话，也要听职工群众的逆耳言；既要让职工群众反映情况，也要请职工群众提出意见。尤其对职工群众最盼、最急、最忧、最怨的热点、难点和重点问题，更要主动调研，抓住不放。只有这样的调查研究，才能充分显示出工会主席的调查研究能力，才能真正听到实话、察到实情、获得真知、收到实效。

第五，创新调研工作方法。工会主席在调查研究实践中，积累了许多行之有效的调研方法，如召开调查会、研讨会、走访调查、蹲点调查、典型调查、实地考察等。这些方法具有感受直接、体验深刻、互动性强、人情味重等优点，应继续坚持。与此同时，还必须适应经济社会和工运、职工变化的新情况，拓展调研渠道，创新调研方式。要积极使用统计调查、问卷调查、抽样调查、网络调查等现代方法，提高调查效率和质量；充分利用现代信息技术和手段进行资料收集、整理和加工，为调研乃至决策提供快捷、全面、翔实的信息资料；综合运用经济学、社会学、信息论、系统论、控制论以及规划和优选预测与评价、计算机仿真等方法，对已掌握的调查材料进行多层面、多角度的系统研究。只有把传统调研方法和现代调研手段结合起来，才能增强调查研究的科学性和时效性，提高调研工作的效率和调研成果的质量。此外，调查研究既是科学，更是艺术，搞好调研工作，必须在实践中做有心人，不断积累经验，丰富技巧，提高能力。

第六，精心写好调研报告。撰写报告是调查研究的重要环节，也是一种重要的调查研究能力。工会主席应重视调研报告的撰写，否则调查再全面，研究再深入，报告写不好仍达不到预期目的，甚至会前功尽弃。写调查报告是一门学问，要注意把握五点：一是调查的目的明确，才能使调查报告的主题明确；二是要选择有代表性和说服力的典型材料；三是事实必须真实准确，要用铁的事实说话，虚假伪造绝不允许；四是要把新事物、新经验介绍出来，或把主要问题、主要矛盾找出来，借以指导改进工作；五是语言要准确生动、使人爱读。除以上方面外，工会主席还应注意凡亲身调查研究，尽可能自己亲自写调查报告，这样写起来才容易使内容真实、有切身感受，同时也给人以深刻的启迪。

第七，提高自身素质，练好基本功。调查研究是运用科学理论去探索未知、认识事物发展方向、寻求解决问题方法的一种复杂的脑力劳动，是一种高度依赖调研者素质的工作。工会主席要提高调研能力，就必须提高思想、业务和写作素质。概括地说，就是要有较高的马克思主义理论水平和全面准确把握党的路线、方针、政策的本领；要有较高的政治洞察力和鉴别能力；要有解放思想和敢于创新的意识；要有实事求是的精神和严格的科学态度；要有较强的分析研究和文字表达功底；要有比较广博的政治、经济、法律、历史和科技等各种知识；要有较好的电脑网络现代办公技能。工会主席只有努力提高这些素质，才能增强调查研究能力。

第28种 信息运用能力

一、工会信息和工会信息工作

工会信息是为工会领导机关掌握情况、进行决策、实施正确领导服务的信息，是工会向党政领导机关反映情况、替职工说话办事、维护职工合法权益、提供决策和参考材料的信息，也是工会内部相互交流情况、推进工作的信息。工会信息除具有信息的基本功能外，还具有维护功能、协调功能、参与功能、指导功能和教育功能。

工会信息工作是党委信息工作的重要组成部分，是工会领导机关掌握情况、进行科学决策、实施正确领导的一项基础性工作；是工会履行社会职能，加强民主参与、反映职工意见和要求、维护职工合法权益的重要渠道；是工会内部互通情况、交流信息、搞好工会自身改革和建设的重要手段。因此，工会主席必须掌握信息运用能力，进而实现科学的工会领导。

信息能力是指工会主席对工会信息的获取、处理与利用的技能和水平。它是工会主席获取工会信息数量与质量、加工信息程度与水平、运用信息的效率与效益的综合反映。工会主席信息能力，既是其才能与智慧的具体体现，又是其决策能力强弱、领导水平高低的决定性因素之一。它是现代工会领导者进行科学领导、开创新局面的重要能力。

知识链接

信息的重要性

信息通过符号（如文字、图像、密码、数据、报表等）、信号（如语言、有某种含义的手势、指令、电磁波信号等）和声、光、电波等载体进行反映、传递并存储。收集得到并经过加工、传输的信息，对于信息的接收者来说是预先不知道的新消息或知识，可使其减少或消除不确定性、未知度和存疑。信息是现代社会进步发展的重要支柱，是人类认识事物的媒介，是知识型生产力，是科学管理的前提，是进行决策的基础和依据。

工会主席要提升信息能力，一是要有清醒的政治头脑，坚持正确的政治方向，有敏锐的洞察力，有比较扎实的理论功底和较高的政策水平，坚持实事求是的原则和求真务实的作风，有争分夺秒的时间观念和快速高效的办事风格，有自觉遵章守纪、严于律己的为人处世态度，有埋头苦干、勇于奉献的精神。二是要培养发现有用信息的洞察能力，区分信息优劣的判断能力，由此及彼的信息分析能力，兼收并蓄的信息综合能力，把握未来的信息预测能力，主动适应形势的创新能力，娴熟表达信息的文字能力。

二、工会信息的收集

（一）工会信息收集的原则

一是目的性原则。收集信息时，首先必须明确信息服务的对象和所需信息的用途，然后进行有针对性、有的放矢的收集。只有这样，才能事半功倍，使收集的信息对路、有用。

二是真实性原则。收集信息要尊重客观事实，不能先入为主，不能道听途说，而要准确反映事物的真实面貌。为此，信息源要真实可信，信息采集方法要科学，从而保证信息的本真面目。

三是系统性原则。事物的发生、发展本身具有连续性、系统性，因此，收集反映事物的信息亦应体现出连续性和系统性。为此，在收集信息时，应遵循事物发展和运动的轨迹，进行有始有终的系统收集和反映，从而使收集到的信息脉络清晰，便于把事物的来龙去脉交代清楚。

四是全面性原则。事物的产生和发展，不是孤立的、无缘无故的，它既有外部的原因，也有内部的原因；既有表层的原因，也有深层次的原因。因此，收集信息时，要开阔视野，拓宽领域，在开发信息的广度和深度上下功夫，从整体上对事物进行考察，力求准确反映事物的全貌和本质，从而使收集的信息更易为处于驾驭全局位置的领导机关所使用。

五是多样性原则。世界是多样的，社会是多彩的，人们从事的行业是五花八门的，因此，我们收集的信息应当是多样性的。收集信息时，就应当立足工会，跳出工会，从纷繁复杂的事物和五彩斑斓的社会中，选取有助于工人运动和工会事业发展、有助于社会健康发展的信息，以备开展各类工作的信息所需。

六是时效性原则。收集信息时，一方面，要注意信息本身的时效，看其是否过时、是否值得报送；另一方面，采集信息要及时、快速，以免延误，从而保证收集的信息具有价值。

（二）工会信息收集的要求

一是要讲政治。工会信息的收集是一项政治性、政策性很强的工作，如果处理不当，就会给工作造成损失。因此，必须讲政治。为此，工会主席要坚持正确的政治方向，时刻保持清醒的政治头脑，具有高度的政治敏锐性，学会从政治的角度去观察、认识、分析事物，善于从一些看似平常的事情中发现带有倾向性、苗头性的问题，从一些貌似有理的论调中识别真理和谬误，从而保证收集的信息政治上正确。

二是要坚持实事求是的原则。在信息收集时要把实事求是的理念化作具体行动，就是要坚持一切从实际出发，深入实际、深入基层，没有调查就没有发言权，一切结论产生于调查研究的基础之上；坚持走群众路线的工作方法，相信群众、依靠群众、发动群众收集和提供信息；坚持原则，坚持真理，一就是一，二就是二，不为权势所动，不为利益所惑，从而保证收集的信息真实不走样。

三是要有全局观念。工会信息要为领导服务、为决策服务，工会主席就应站在领导者的角度和全局的高度，围绕中心，把握大局，审时度势，收集反映影响全局发展的问题，而不是局限于某些领域或方面，从而真正体现出大格局、宽心胸。

四是要有良好的作风。工会主席要有脚踏实地、严谨的作风，对收集的每一条信息，都应当进行认真分析，仔细核对，保证信息中涉及的时间、地点、人物、情节、重要细节等都准确无误，特别是对重要信息，要进行反复核实，使之经得起时间的检验；要有雷厉风行的作风，争分夺秒，提高工作效率，确保提高信息的时效性。

五是要有必要的各种手段和条件。工会主席要配备计算机等现代化办公设备，采取科学的采集方法，遵守一定的规范，并有经费和后勤保障，特别是有党政的指导与支持。

（三）工会信息收集的方法

一是观察法。就是凭借自身素质和能力或借助必要观察手段，来认识事物，收集、获取相关信息。

二是调查法。就是采取普遍调查、重点调查、典型调查、抽样调查、追踪调查等方式，或采取座谈会、讨论会、接待信访者等直接接触有关人员的方式，来收集信息，获取大量第一手材料。

三是阅读法。就是通过阅读文件、资料、报纸、书刊等现成材料，以及收听广播、收看电视等方式，从中收集需要的信息。

四是交换法。就是用自己收集和加工整理的信息资料，同有关地区、部门或单位达成临时交换或长期交换协议，进行资料交换，以互通有无，实现信息共享。

五是索取法。就是当面向有关部门、单位或个人做调查询问；或通过发函，请求其帮助收集和提供有关信息资料。

六是购买法。就是向信息服务单位或个人有偿地索取所需的信息资料。

七是委托法。就是对一些内部的和不易获取的信息资料，在用购买、交换等办法都得不到的情况下，委托有关单位或个人帮助收集。

（四）工会信息收集的途径

一是通过组织渠道获取信息。这是工会信息收集的正常途径。基层工会和下级工会须向上级工会报送信息，工会的各职能部门和直属单位应通过办公室及其信息工作机构向本级工会报送信息，各地方工会和全国产业工会须向全国总工会报送信息。

二是通过建立健全覆盖广泛、布局合理、反应灵敏、运转高效的信息收集网络获取信息，这是工会信息收集的主要途径。利用信息网络，可以定向收集所需信息，也可以通过协调达到信息共享的目的。

三是利用参加各类会议获取信息。这是工会信息收集的一个重要途径。例如，参加党代会、人代会、职代会、会员代表大会、执委会、全委会、主席团会等重要会议，可以了解全局情况、总体工作部署等信息，并通过领导讲话了解上级指示精神和领导思路与意图；参加部门工作会议和产业工会会议，可以了解各条战线、各系统贯彻落实领导决策和机关工作部署的举措、进展等信息，也可以从某个侧面加深对总体工作部署的理解；参加各种专门工作会议，可以了解某方面专门工作的意义、面临的问题、采取的措施和工作安排等信息，为本单位开展这项工作提供思路和指导；参加各种研讨会、座谈会、论坛等，可以吸取那些对开展工作有益的新观点、新想法、新思路等，为创新工作提供信息服务。

四是通过阅读文件简报、参考资料、调研报告、机关内部刊物等，发现和获取现成文字资料信息。这是工会信息收集的便捷途径。这些文件资料，往往文字简洁，语言精练，信息量大，针对性、指导性强，可以从中获取许多有用的信息，成为良师益友。

五是通过大众媒体获取图书资料信息和音像信息。这是工会信息收集的有效途径。传统出版物如图书、报纸、期刊，新兴出版物如 VCD、DVD 光盘等以磁、光、电等介质出版的非印刷型文献资料和电子出版物、光盘音像制品，视听媒体如广播、电视等，以及新兴媒体如互联网等，因其信息来源广泛，对所载内容一般均经编辑处理，公开播发容易获得，所以对信息收集者来说，获得的虽不是第一手资料，也不失为一个丰富的信息源。特别是权威性新闻媒体、网站和作为党政群机关喉舌的传媒，其发布的信息更可靠可信，可以从中收集大量的有用信息，以备所需。

六是通过开展专项调研和信息调研，获取第一手信息资料。这是工会信息收集的专门途径。由于开展一般所谓的专项调查研究比较耗时费力，信息工作部门往往从现成的调查报告中获取相关信息，并通过到信息发生地进行实地收集，以进一步了解信息的真实情况。可以说，这是一种“短、平、快”的信息收集途径。

七是通过信访渠道获取基层真实情况的信息。这是工会信息收集的特别途径。职工来信来访，大多是向党政工领导机关和领导同志反映情况、请求帮助、要求解决问题，或者是进行申诉、控告、检举、揭发等。从一定意义上说，信访状况是国家政治生活的“气象台”，是社会稳定的“晴雨表”，可以直观地反映职工群众的生产生活状况和遇到的困难问题，也可以感受到一个时期党和政府制定的方针政策贯彻落实情况及职工群众所关注的问题。因此，信访信息是送上门来的第一手信息资料。通过这个途径来获取信息，是其他信息收集途径不能替代的。

三、工会信息的综合处理

信息综合处理，是指工会主席收到原始信息或初始信息后，对其进行鉴别筛选、分析研判、核实事实，剔除滞后、重复、不准确信息，对一般信息进行汇总、提炼和综合，对不同类型的信息做相应加工处理的过程。

（一）工会信息内容的鉴别

信息鉴别，是指对得到的信息内容的真伪、时效性作出判断，以确保用于加工编报信息的内容客观、真实和有效的过程。某些信息由于原始时就存在一些掺假和水分，或者由于信息提供者采编时的疏忽或表达不当，以致造成内容失真、前后不一致等情况。某些信息在初始采编时可能认为可取，但由于信息所反映的事实本身过时，或者信息提供者延误，造成信息失去时效。因此，对信息内容进行鉴别显得尤为必要和重要。

信息内容鉴定的标准如下：一是信息构成的时间、地点、人物、事件、因果等要素必须准确，信息的内容不过时。二是信息中引用的各种数据资料不能有误，应用的数据应前后一致，分项数字之和与总数相符。三是信息反映的事实客观真实，经得起推敲，没有明显的漏洞。四是信息中反映的观点应当从事实出发，不偏激，不文过饰非，不以偏概全。五是信息的表达令人信服，不能不讲逻辑，不能有悖常理。

信息鉴定的方法如下：一是核对。即对信息涉及的引文、数据、日期等，参考有关公文、权威部门发布的统计数据、相关内容的报道等，进行核对比照，剔除不真实部分，舍弃掺假和带水分的内容。二是分析。即凭借工会主席的素质和水平，对信息提供的内容和所做的表述进行逻辑分析、判断，以发现其中的疑点和破绽。三是调查。就是对信息的存疑之处，直接或委托有关部门向信息所涉当事人或有关单位进行调查，以检验其真实性和准确性。

（二）工会信息内容的筛选

信息筛选是指对信息的价值作出判断，剔除无价值的、重复的、无法利用的信息，把有用的信息选择出来的过程。信息鉴别，重在判断信息的真伪和时效，是信息处理的第一道关口；而信息筛选，重在判断信息的价值，是信息处理的第二道关口。因此，信息筛选也是信息处理的一个重要环节，做好这项工作，对于提高信息的效用、保证信息的价值至关重要。

信息筛选的标准如下：一是题材重要，对领导决策、推动当前工作、解决面临的问题、谋划未来、防患于未然有用。二是信息的主题突出，不夹杂无关材料，反映的事物真实、准确、完整，分析问题比较辩证客观，并能从现象揭示本质，提出的意见较为中肯可行，表述严谨，编报及时，行文规范。三是信息反映的事物具有代表性、典型性、新颖性、独创性，具有典型意义、推广价值或可供借鉴。四是信息反映的内容具有知识性、可阅读性，或具有教育意义和启迪作用。五是信息的工会特色明显，所反映的是职工和工会关心、关注的问题及解决问题的办法、措施等，并能反映一些新情况、新思路、新经验。六是信息虽然暂时无用，但具有存储价值。

信息筛选的办法如下：一是对信息稿件本身进行剖析，如果不符合筛选标准，就不是有价值的稿件。二是与该信息稿件反映的事实同类的其他信息稿件相比，如果该稿件明显比较逊色，或是内容基本重复的，就不要选择该稿件。三是工会主席可以通过接触有关部门和人员，听取他们对某信息稿件的评价，如果基本持否定和负面评价的，就可考虑放弃该稿件。当然还有其他的分析判断办法，需在实践中不断探索创新。

（三）工会紧急信息的处理

所谓紧急信息，是指反映国内外各类重大突发事件、重要社会动态、紧急灾情疫情以及其他重要情况的信息。工会紧急信息，着重反映职工突发性事件的情况、境内外敌对势力渗透和破坏工会组织统一及职工团结的情况、工会协助党政组织处理重大突发事件和重大灾情、疫情的情况，等等。

紧急信息的涵盖范围如下：

一是重大突发事件。包括参加人数较多、涉及面较广、影响较大的集体上访、请愿、游行、罢工、罢市、骚乱、非法集会等；虽然只有少数人参加，但影响极坏的突发事件；重大治安和刑事案件，如械斗、枪杀、抢劫、劫机、劫船、劫持人质、暴狱等；可能引发重大突发事件的内幕性、预警性、行动性信息。这类事件的重要特点是政治性强，对一个地区乃至全国的社会政治稳定有一定的影响，如不尽快平息，可能会导致事态严重化，其后果不堪设想。

二是重大灾情、疫情。包括重大自然灾害，如地震、海啸、风灾、雪灾、水灾、旱灾等；重大事故灾难，如爆炸、火灾、翻车、沉船、矿难、飞机坠毁、列车相撞等；重大公共卫生事件。这些灾情、疫情，有的是自然灾害，有的是人为造成，一般虽不具有政治性质，但对人民生命、财产危害极大，必须迅速作出决策，组织抗灾救灾，如果行动迟缓、救灾不力，弄不好容易演化为政治问题。

三是重要动态。包括涉及国防、外交方面的重要动态；涉及港澳台地区的重要紧急动态；涉及国家安全和经济金融稳定的重要动态；本身较为敏感、已经或者可能在社会上形成舆论热点的事件等。这些方面的情况，都会对国家的政治、经济、外交、军事和国家安全与社会稳定造成这样那样的影响，如不及时掌握、作出积极应对，就可能造成工作被动，带来不良后果。

（四）工会信息的加工处理

信息加工处理是信息处理的重要环节，它是对原始信息资料或初始信息进行必要的增删修改、综合提炼、充实完善、挖掘内涵，使之更加真实、准确、规范和有价值，以便于传递、使用和存储的信息处理过程，包括信息的提炼与综合和信息文稿的编辑处理。

信息的提炼是进行信息加工处理的一种方法，它是对初始信息的内容进行去粗取精、去伪存真和对文字表述做推敲精练的加工处理过程。提炼与鉴别、筛选的异同之处：提炼是针对某一条有价值的信息资料进行加工处理，而鉴别、筛选是对全部信息资料进行品鉴；提炼是对初始信息从内容和文字表述两个方面进行加工处理，而鉴别、筛选只重在信息的内容方面，基本不考虑信息的文字表述问题；提炼是在信息鉴别、筛选之后的加工，而鉴别、筛选是信息提炼的基础和预处理。信息提炼的过程，是进一步明确主题、突出主题、表现主题，使之更好达到报送或刊发目的的过程。因此，信息提炼一定要体现思想性、逻辑性、简明性及通俗性，在文字表述上还要体现出生动性、鲜明性、形象性和规范性。

信息的综合也是信息加工处理的一种方法，它是将内容相同或相近的零散、无序的多条原始信息材料，按照一定的目的要求进行归纳汇总，从而形成一条新的、价值含量更高、具有一定深度的高层次信息的信息加工处理过程。这种综合，不是简单地将原始信息材料进行汇集与罗列，也不是不加选择地使用原始信息材料，而是围绕主题和行文目的进行的再创作、再加工。

信息文稿的编辑处理程序如下：

首先，通读待编文稿。通读的目的在于了解原稿的结构、内容、语言等方面的情况，领会其想要表达的主题和所要达到的目的，并粗略发现存在的问题，从而为修改打下基础。不要匆忙动手，以免会错意思、来回返工、耗时耗力。

其次，对原稿作修改完善。包括：基本维持原稿框架，对标题、结构、内容、文字或作增删，或作调整，或作归并，或作修饰，使之主题突出，内容充实，结构严谨，层次清晰，格调庄重，语言精练，格式规范；只汲取原稿精华，进行推倒改写。

最后，对修改过的文稿进行审读。通过审读，检查文稿是否有不符合原意、表述不恰当及疏漏、谬误之处，如有发现，再作修改完善，以确保文稿的质量。

信息文稿编辑处理的常用方法或技巧如下：

一是压缩。就是将篇幅较长的文稿进行删繁就简，缩短篇幅。为此，采取以下具体办法：一是紧扣主题，将与主题无紧密关系、不利于突出主题的内容删去，使文稿中心思想明确、主次分明、详略得当。二是摘取原稿中的精华部分，或摘取其中有用的部分而删去其余部分，或摘取其概要而舍弃其详情，从而增大信息的价值含量。三是精选典型和事例，在同一篇文稿中，能用一个事例、典型材料说明问题的，绝不用两个，可省去很多文字。四是将可有可无的字、句、节删去，既能压缩篇幅，又能使表述简洁。当然，在压缩文稿时，要注意不能把一些重要的信息要素压缩掉。

二是改写。就是将写得不好的原稿进行改头换面的彻底改造，写出新的文稿。为此，采取以下具体办法：一是改变行文角度。将原来文稿反映事物的视角进行变换，如从领导的角度改为群众的角度，从介绍经验的角度改为报道成果的角度，从报告情况的角度改为研究问题的角度，从某个局部的角度改为全局的角度等，从而使不易引起人们关注的问题得到注意，使本来无新意的东西变得有新意、有价值。二是改变文稿结构。使原来叙事不顺、逻辑混乱、颠倒重复、看了令人费解的文稿，变得条理分明、层次清楚、叙事流畅。三是分篇。例如，有的文稿反映有两个以上主题的内容，并且每个主题都很重要，又不宜将它们糅合在一起，可考虑将其分篇处理，各冠以标题，使之独立成篇。四是综合。将几篇稿件的相关内容归纳为一篇新的稿件，如将不同地区、单位反映的同一主题的稿件，同一事件先后报道的稿件，同类事物形成正反对照的稿件，归纳综合为一篇新的稿件。

三是改题。就是通过修改标题，使文稿起到画龙点睛的作用。为使标题更醒目、更题文一致、更一语破的、更简洁、更顺口，具体采取两种方法：一是在原标题基础进行修改，或推敲用字，或省略，或锤炼，或浓缩；二是更题，重新拟一个更理想的标题。

四是修饰。就是基本保持原稿的大体，只对局部内容作必要的修改，使之更完善、更充实、更准确、更有气势和说服力。

工作能力篇

GONGZUONENGLIPIAN

第29种 参与能力

一、参与职能和参与能力

工会的参与职能就是工会要发挥职工群众参政议政的民主渠道作用，代表和组织职工参与国家的管理，参与社会事务管理，参与企事业单位的民主管理。工会具有参与职能，是因为社会主义国家给予人民参与管理国家、参与企事业民主管理的权利，工会作为职工群众组织，应代表和体现这种权利。而工会主席作为工会组织的领导者，就应该具有代表和组织职工参与国家的管理、参与社会事务管理、参与企事业单位的民主管理的能力。

工会的参与职能通常表现在源头参与、参与和创新社会管理、参与企业经营和民主管理等方面。

（一）源头参与

工会作为党和政府联系职工群众的桥梁和纽带，是职工利益的代表者。工会通过加强源头参与，形成整体维护和具体维护相结合、内部资源与外部资源相统一的工会维权新格局。工会通过源头参与，可以提高职工政治参与的有效性，从根本上维护职工的合法权益。工会通过收集、反映职工的意见和要求，为党委、政府决策时提供客观依据，使决策更具合理性和科学性，不仅提高了党政决策的效率，也提高了工会维权的效能。

推动源头参与，工会主席应着重抓三个方面的工作。一是畅通党委渠道，争取领导重视。二是畅通政府渠道，努力多办实事。三是畅通人大、政协渠道，积极建言献策，推动社会主义协商民主的丰富和完善。

（二）参与和创新社会管理

工会组织作为党的群众工作的重要组成部分，在参与社会管理中，有着独特的优势和特点。工会组织要围绕着党政大局、企业发展和职工需求做些力所能及的基础性工作，不断提高工会组织的影响力和凝聚力，发挥暖人心、聚人心、稳人心的作用。在参与和创新社会管理过程中，工会主席主要做到以下三点：

一是要在参与社会管理中理清思路。社会管理，说到底是对人的管理与服务。工会组织作为广大职工权益的代表，实现、维护、发展广大职工根本利益是工会的职责和使命。工会组织要在社会管理中发挥作用，只有通过创新思路、创新方法、创新载体，坚持开门办会、走社会化服务之路，才能提高工会组织的能力和水平，才能更好地发挥党政助手、职工之家、企业之友的作用，进而体现工会组织的价值。

二是要在参与社会管理中找准位置。群众团体参与社会管理有自身的特点，有传统优势和局限性，有别于行政组织。行政组织按行政法规管人管事，资源多。而群众团体是跟人和事走，是组织者、号召者和服务者，只有坚持开门办会，有效地借助各种社会和行政资源，通过“借船出海”，借力、借势，不断拓宽工会社会化工作的领域、范围和渠道，满足职工多层面的需求，营造“我为人人、人人为我”的多赢局面，工会组织才有影响力、吸引力和凝聚力，才有生机和活力。

三是要在参与社会管理中有所作为。工会要结合自身的特点，在充分了解、把握社会运转和企业运作的链条上，找准工会组织服务社会发展、产业经济、职工权益的切入点和结合点。要切实克服行政化倾向，设计载体，搭建平台，发挥协调、协同和引导服务作用，以有所作为赢得职工的认同、社会的认可。

（三）参与企业经营和民主管理

工会组织作为联系职工群众的桥梁和纽带，要发挥自身优势，积极参与到企业经营和民主管理中去，更好地体现工会组织自身价值，不断推动企业经营发展和民主管理。工会主席要从以下几方面着手，带领广大职工群众积极参与企业经营和民主管理。

一是树立敢于参与的思想，教育引导广大职工大胆参与经营管理。广大职工群众是劳动财富的创造者，也是企业经营管理的直接参与者、实施者，是企业经营成果的实现者和受益者。工会作为企业主要经营者和广大职工的桥梁和纽带，要树立敢于参与的思想，大胆参与到经营管理活动中去，促进职能的发挥，企业的经营发展。一方面，工会主席要树立敢于参与的思想，克服畏难情绪，通过加强与公司党委、行政的沟通，取得党政的支持，积极参与公司的管理活动。另一方面，要教育引导广大职工敢于参与。作为企业的主人，广大职工既是企业经营活动的实践者，又是企业经营活动成果的分享者，企业经营发展的好坏，直接关系到其自身的利益，要牢固树立主人翁思想，在涉及企业民主管理的方面大胆参与。

二是增强主动参与的意识，在经营管理的科学民主决策上有所作为。主动参与到企业经营管理中去，一方面可以发挥工会组织的组织职工的优势，另一方面又可以通过实施和监督促进企业的经营发展。一要主动参与到企业规章制度的修订中去。二要主动提出意见建议，完善议事方式，推进决策的科学化、民主化。三要主动掌握职工思想动态，通过深入职工中去、组织召开座谈会、组织舆情分析会等方式，和职工谈心、和职工交心，了解职工的思想动态，及时化解职工的情绪。

三是练就善于参与的本领，更好地服务职工和企业经营发展。工会组织在企业管理中作用发挥的好坏，直接决定于工会主席的本领是否能够满足工会工作的需要。工会主席一要加强自身业务学习，不断提升自身维护职工合法权益的能力。二要增强服务理念，坚持服务至上，通过一杯茶、一个礼貌问候、一句寒暄、一个让座，切实将工会建成职工的家，让工会工作者成为职工的贴心人。三要创新工作方法，通过定期调研，了解掌握职工的思想，解决职工的困难；通过开展文体活动传递健康的生活理念；通过开展劳动竞赛充分发挥职工的主观能动性。四要创新服务载体，通过电子邮件、内部网页、QQ、微信等方式及时传递信息，及时完善服务。

知识链接

工会的四项社会职能

工会的职能，是指由工会性质地位所决定，并在其社会活动中体现出来的职责和功能，它反映了工会活动、工会工作的基本内容。在发展社会主义市场经济过程中，工会要在全面履行四项社会职能的同时，强化维护职能，发挥工会的积极作用。

《中国工会章程》规定，中国工会的主要社会职能是：维护职工的合法利益和民主权利；动员和组织职工积极参加建设和改革，完成经济和发展任务；代表和组织职工参与国家和社会事务管理，参与企业、事业和机关的民主管理；教育职工不断提高思想道德素质和科学文化素质，建设有理想、有道德、有文化、有纪律的职工队伍。工会这四项社会职能，简称为：维护、建设、参与和教育职能。

四是提高能够参与的技能，在经营管理中发挥一技之长。教育职能是工会组织的一项重要职能，工会应充分发挥组织优势和教育职能，不断提高广大职工参与企业民主管理的技能，以能力自信带动参与经营管理的自信。一是认真开展好建家活动，创建模范职工之家。二是增强学习的针对性，组织职工重点学习企业管理和业务的相关知识。三是积极开展合理化建议活动，将合理化建议活动融入企业经营管理中去。

二、工会主席要善于参与

提高工会主席的参与能力，是一项长期而又紧迫的重要任务，其实现途径主要在以下方面：

第一，要善于学习、掌握和运用理论与法律武器。工会主席代表职工群众参与党政决策和企业管理具有很强的政治性和政策性，整个参与过程要依法、依政策进行。这决定了工会主席首先要学好、吃透党和国家的方针政策及法律法规，才能在参与过程中做到言之有理、持之有据，体现出工会主席参与的理论功底和法律政策水平。

第二，要善于学习、掌握和运用专业理论知识。工会主席的参与工作不仅具有很强的政治性、政策性，而且具有较强的专业性。特别是一些涉及职工利益的专门性法律、法规、政策和企业的改制方案，如企业经营管理中的重大决策、安全生产与劳动保护、劳动与社会保障等都体现出较高的专业水平。因此，工会主席要提高参与能力，还必须学好、掌握好相关的专业理论知识、科技文化知识以及管理知识等。只有具备并善于运用这些知识，才能在参与工作中做到参得进、议得上、讲到点子上。

第三，要善于学习、掌握和运用参与的方法。工会主席要真正代表和维护职工群众的合法权益，就要在民主参与上下功夫，要有善于参与的能力和娴熟的参与本领。具体来说，就是要注意调查研究，既要了解党和国家的方针政策、法律法规，又要熟悉本地区、本单位的实际情况，掌握职工群众的思想脉搏，通晓他们的要求和愿望。工会主席在参与过程中要做到有理有节，对涉及职工切身利益的问题，能将理论与实践相结合，使之具有较强的说服力。同时，工会主席还要善于向党政领导学习，吸取他们的优点和长处，积极与他们沟通并最终达成合作共识。

第四，要善于把提高参与能力与提高其他相关能力相结合。工会主席的参与能力内容丰富，它实际上是多种能力的综合。譬如，工会主席在参与过程中要掌握党和国家方针政策、法律法规；要知晓职工群众的意愿要求，了解政府和企事业单位行政的动态，掌握其决策意向；要做好信息的交流与传递；要协调社会各方力量，帮助工会提出决策方案等。做好这些工作都需要运用各种能力，如参与决策能力、运用法律政策能力、调查研究能力、交流信息能力、协调能力等，而这些能力的结合即能反映出工会主席参与能力的强弱。因此，工会主席在以提高参与能力为主要目标的同时，必须相应地注意相关基础能力和专业能力的训练与培养。

第30种 维权能力

一、维权能力的作用

维护职工群众的合法权益是工会的基本职责。因此，维权能力是工会主席专门能力中最基本的能力。所谓维权能力即是指工会主席维护职工群众、工会组织及自身合法权益的能力。工会主席维权能力内容丰富，包括维护职工群众经济、政治、文化利益的能力，以及维护工会组织、工会干部和工会主席自身利益的能力等。

工会主席维权能力的功能和作用主要体现在以下方面：

一是维护职工群众的合法权益。维权能力的特性首先是它的维护性，其对象是广大职工群众。从客观上看，在社会主义市场经济条件下，职工群众的利益存在两种变化倾向。一种是伴随经济、社会、文化的发展，职工群众的经济、政治和文化需求不断增加；另一种是由于各种消极因素的存在及其影响，职工群众的合法权益又时常受到侵害，而单个职工往往又处于援助缺失的弱势地位，无法有效进行自我保护，因此，职工群众具有维护自身合法权益的强烈要求。从主观上看，工会是工人阶级的群众组织，维护职工的合法权益是工会的基本职责，工会主席作为工会组织的领导者、维权第一责任人，当然也要把履行这一基本职责作为首要任务。工会主席充分发挥维权能力，借助工会的组织力量和各种有利的维权资源，就能为职工群众说话办事，把维护职工群众合法权益落到实处。

二是协调稳定劳动关系。在社会主义市场经济条件下，职工利益受忽视乃至被侵害仍是一个十分突出的现象。这不仅是一个严重的经济问题，也是一个严重的社会问题，因为劳动关系的不和谐必然影响经济的发展和社会的稳定。因而，如何保障职工群众的合法权益以构建和谐的劳动关系，是一个十分重要的任务。工会组织作为企业劳动关系中职工一方的代表，必须承担起协调和稳定劳动关系这一基本任务。因此，工会主席充分发挥维权能力，做好维权工作，对于构建和谐的劳动关系至关重要。

三是调动和激发职工群众的生产积极性。工会主席发挥维权能力，运用工会组织的力量，维护职工群众合法权益，使职工群众的合理要求和愿望得到满足，各项民主权利得到实现，从而保障了职工的主人翁地位，把依靠职工群众办好企事业的方针落到实处，就能增强企事业单位的凝聚力和创造力，调动和激发起广大职工的生产积极性，共同促进企事业单位的振兴与发展。

四是密切党政与职工群众的联系。工会是党联系职工群众的桥梁和纽带，工会是党的重要群团组织，工会工作本质上是党的群众工作。工会主席充分运用维权能力，做好维权工作，就能把党政的温暖和关怀送给广大职工群众，增强他们对党政的认同感和信任感，从而同心协力做好本单位的工作，密切双方的血肉联系。

二、提升工会主席维权能力

增强意识、依靠法律、掌握方法是提高工会主席维权能力的三个关键因素。

（一）增强维权意识

在现实中，职工权益被侵犯、工会组织被随意撤并、工会主席在任职期内被无端罢免的事时有发生。究其原因，除了党政领导法治意识淡薄以及体制机制不完善等因素外，一些工会主席缺乏维权意识，也是这类现象发生的一个重要原因。因此，随着工会工作法治化建设的不断推进，工会主席也要增强维权意识，这不仅关系到工会主席自身利益的维护，更关系整个工会组织利益和职工合法权益的维护。

（二）依法维权

依法维权即知法、守法、用法，善于运用法律武器维护职工和自身的合法权益。

第一，要牢固树立法治观念。要树立宪法法律意识，坚定宪法法律信仰，尊重宪法法律权威，遵守宪法法律规定，在宪法法律范围内开展活动。要增强法治观念，自觉以法治思维看待问题，用法治方式解决问题，养成遇事找法、办事依法、解决问题靠法的法治思维习惯，作决策、办事情都要有法律依据、讲法律程序，牢记法律红线不可逾越，法律底线不可触碰。

第二，要努力掌握法治知识。要按照中国特色社会主义法治体系的基本要求，掌握法治基本知识，熟悉和理解法律基本概念、法律体系构成、法律调整方式、法律适用规则。要熟练掌握涉及职工切身利益和工会活动的法律知识，切实提高依法开展工作的能力。要善于运用法律手段，解决改革发展中的各种劳动关系矛盾和问题，把法律原则和法律规范熟练运用于维护职工权益的法治实践。

第三，要依法维护职工权益。要依照宪法、工会法维护职工参加和组织工会的权利，保障会员的选举权、被选举权、表决权，以及对工会工作进行监督和提出意见、建议等权利。要依照劳动法律法规，维护职工平等就业和选择职业、取得劳动报酬、休息休假、获得劳动安全卫生保护、接受职业技能培训、享受社会保险和福利等各项权益。要通过为职工提供法律服务、法律援助，努力解决好职工最关心最直接最现实的利益问题、最困难最操心最忧虑的实际问题，全心全意为职工服务。要依法纠正企事业单位违反民主管理制度的行为，保障职工依法行使民主管理权利。要完善工会文化宣传教育体系，活跃和丰富职工群众文化生活，依法维护职工的精神文化权利。要加强人文关怀和心理疏导，促进职工舒心工作、体面劳动。

（三）掌握运用维权方式方法

维权能力的高低很大程度上见诸维权方式方法，提高工会主席维权能力，就要在掌握运用维权方式方法上下功夫。工会主席做好维权工作要把握好以下四点：一是要协调好党、政、工三者的关系。工会主席的维权工作要取得党委和行政的支持，没有他们的支持，工会主席的维权工作不可能顺利进行和取得良好的效果。二是坚持超前维护的原则。超前维护就是在方针、政策制定之前，职工利益未被侵犯之前就预先充分估计，并采取有力措施，给予预先制止和预防。三是要熟悉把握有关的法律、法规、政策，积极探索建立依法维权的合理机制，学会运用法律赋予的权利，依靠法律手段，有力、有效、全面地维护职工合法权益。四是要充分利用好参政议政、民主管理、平等协商、签订集体合同等现有维权机制，加大源头参与的力度，在更大范围内、更深程度上维护好职工群众的合法权益。

延伸阅读

一个主动依法科学维权的企业工会主席——王远文

王远文同志自1998年6月当选英格索兰（桂林）工具有限公司工会主席以来，始终牢记宗旨，忠诚履行职责，努力践行主动依法科学维权观，在“促进企业发展、维护职工权益”中做出了突出成绩。

王远文同志始终坚持工会工作服务科学发展，服务职工群众。他积极推动开展“共同约定”行动，促使企业在国际金融危机期间做到了“不裁员、不欠薪、职工工资不降反升”。他推动企业建立了每年一次的工资集体协商制度，实现了职工工资10年年均增长7.6%。他积极维护职工利益，促进劳动关系和谐。先后平息企业群体性事件4起，调处劳资矛盾纠纷30多起，涉及职工400余人次，有效维护了企业和职工队伍的稳定。他3次代表职工通过诉讼渠道，帮助被辞退职工争取了经济赔偿，促使企业与23名工龄满10年的职工签订了无固定期限劳动合同。他与企业行政积极沟通，使企业改制之初下岗的46名职工在10年内全部重返工作岗位。他探索实践了“维权建议书”制度，先后向企业行政发出“维权建议书”320余份，得到了企业的积极回应。他写下了50多万字的工会工作日记，详细记载了职工的生产生活、意见呼声以及他开展工会工作的体会。他详细掌握了公司300多名职工个人及家庭等情况，经常到退休职工和困难职工家中问寒问暖。他淡泊名利，一身正气，虽然一直享受普通员工的工资待遇，但却从未向企业和上级工会提过待遇问题。多年来，他先后8次放弃工作调动的机会，始终坚守在工会主席岗位上，把工会工作当作执着追求的事业。

向王远文同志学习，就是要学习他服务科学发展、主动维权的坚定信念，坚持把职工维权融入推动企业发展、促进劳资关系和谐的具体实践，心系全局，积极作为，充分发挥工会作为党联系职工群众桥梁纽带的作用，在改革发展稳定中作出工会应有的贡献。就是要学习他无私无畏、依法维权的卓越胆识，不计个人得失，忠诚履行职责，始终坚持运用法律武器为职工说话办事，切实维护好职工的劳动经济、民主政治权利和精神文化权益，进一步提高工会维权工作实效。就是要学习他善于沟通、科学维权的工作方法，勤奋学习，多谋善思，悉心把握工会维权的时代特点和规律，不断提升工会维权工作的科学化水平。就是要学习他心系职工、服务职工的优良作风，时刻把职工群众的安危冷暖放在心上，心为职工所想，情为职工所系，利为职工所谋，满腔热忱地为职工办实事、做好事、解难事，真正成为职工群众的贴心人。

第31种 建设能力

一、建设能力源于建设职能的履行

建设能力是工会主席必备的重要领导能力之一。所谓建设能力就是指工会主席履行工会建设职能的领导本领。具体地说，就是工会主席围绕发展这个执政兴国的第一要务，找准工会定位，团结带领工会干部和职工群众搞好群众生产、投身改革和建设并为全面建成小康社会建功立业的能力。

工会主席的建设能力主要包括以下内容：一是动员和组织职工开展社会主义劳动竞赛、经济技术创新，调动和发挥职工群众积极性和创造性，促进“四有”职工队伍建设，推动经济发展和社会全面进步的能力。二是发动职工开展合理化建议和技术创新、管理创新活动，推动技术进步、提高管理水平和经济效益的能力。三是做好劳模工作，大力总结、宣传、弘扬劳模先进思想和模范事迹，关心劳模工作、学习和生活的能力。四是开展岗位练兵、技术比赛活动，发挥职工技协在活动中的骨干作用，大力提高职工的技术、业务水平和操作技能的能力。五是加强班组建设，开展班组长培训、班组工作经验交流等多种形式的活动，提高班组工作水平的能力。六是深入基层调查研究，加强对群众生产技术工作的分类指导和相关政策、法规的制定和完善，保护职工的积极性和创造性的能力。七是建立健全工会群众生产技术工作的组织领导机构和管理制度，保证群众生产技术工作正常开展的能力。

（一）工会主席建设能力的作用

工会主席建设能力的作用就是保证工会组织更好地履行建设职能，具体体现在以下方面：

一是有利于增强企业的市场竞争力。在激烈的市场竞争中，企业有无市场竞争力，取决于企业自身的活力，这既有人的因素，又有物的因素。工会主席发挥建设能力，履行建设职能，组织职工开展劳动竞赛、合理化建议和技术创新，可以提高产品质量或提高服务水平，降低原材料消耗，减少浪费，改进产品性能，能满足消费者和用户的需要，从而提高产品或服务的市场竞争力；可以加强对职工的技术教育，激发职工创新发明兴趣，增强职工主人翁责任感，从而有力地支持企业的技术创新和产品研发活动，增强企业对市场的应变能力；更重要的是可以大大激发职工的积极性、主动性和创造性，使他们以高度的主人翁精神与企业同呼吸共命运，增强职工群众的凝聚力和对企业的向心力，从而激发企业的活力和增强市场竞争力。

二是有利于提高企业素质。企业素质包括技术素质、管理素质和职工素质。工会主席发挥建设能力，组织好工会群众生产工作对这三个方面都有作用，但主要的是有利于提高职工素质。通过职工技术培训、技术练兵、技术比武、技术创新，可以提高职工的技术素质和创新能力；通过开展劳动竞赛、合理化建议和技术改进工作、群众劳动保护工作，可以激发职工的热情，增强职工的主人翁责任感，不仅提高职工的技术素质，而且提高其思想素质。

三是有利于化解企业的问题。在企业的生产经营过程中，会遇到各种各样的问题和困难，主要是生产经营的不平衡或矛盾，如产品供求总量不平衡或结构不平衡，技术改进、技术创新中遇到攻关难题，企业遭受自然灾害、影响到生产和经营，查处劳动安全事故隐患等。化解这些矛盾和问题的方法很多，但工会主席发挥建设能力，组织职工开展好劳动竞赛、合理化建议和技术创新等群众生产活动是一种行之有效的重要手段。

四是有利于加强企业的政治文明和精神文明建设。工会主席发挥建设能力，组织好职工群众生产工作，不仅有力地支持企业经济发展、技术进步，并且还有力地促进企业的政治文明和精神文明建设。通过开展劳动竞赛、合理化建议和技术创新等活动，能够发挥职工的主力军作用，增强职工的责任感，激发职工爱岗位、爱集体、爱祖国、爱社会主义的情感；培养他们艰苦奋斗、乐于奉献的精神；树立良好的职业道德观，培养弘扬先进、向先进学习的进取精神；培育企业文化精神，不断提高职工的技术管理素质；倡导鼓励职工发挥聪明才智，为企业的发展献计献策，积极关心和参与企业经营管理的民主精神。多年的实践证明，工会主席组织好各项群众生产活动，也是加强企业政治文明和精神文明建设的有效方法。

五是有利于促进国家经济发展、科技创新和社会进步。国家的发展进步，归根结底要以众多的企业发展进步为基础，离开了这个基础，国家的发展进步就成了无源之水，无本之木。所以，工会主席发挥建设能力，组织好工会群众生产工作，在促进企业发展进步的同时，也促进了国家的发展进步。而国家的发展进步反过来又为企业的发展进步和工会群众生产活动的开展创造了良好的环境，也为工会更好地维护职工的经济、政治和文化权益提供了保障。

（二）工会主席建设能力的原则

工会主席发挥建设能力应遵循如下原则：

一是围绕中心、服务大局的原则。从宏观上看，要围绕服务于党和国家在现阶段的中心任务与经济社会发展目标；从微观上看，则要围绕服务于现实企业的生产经营和发展目标。

二是阶段性与经常性相结合的原则。由于企业的不可预测因素是客观存在的，因此在企业生产经营和发展中，不可避免地会遇到这样那样的困难和问题，为克服困难、解决问题，往往通过开展劳动竞赛、合理化建议和技术创新等群众生产活动来扫清障碍。但这种活动的开展一般都具有很强的针对性和时效性，一旦企业生产经营或技术方面的难题得到解决，上述群众生产活动就告一段落。然而，由于企业生产经营活动是不会停止的，旧的矛盾问题解决后，还会产生新的矛盾问题，因此，工会主席对劳动竞赛、合理化建议和技术创新等群众生产活动的开展就应当常抓不懈，只有把阶段性和经常性结合起来，才能始终保持工会群众生产活动的旺盛生命力。

三是科学规范的原则。在市场经济条件下，为追求经济效益的最大化，企业普遍加强了科学化、规范化管理，这就要求工会主席在组织开展群众生产活动时要与之相适应，即要由粗放的活动型向精细的管理型发展。要运用系统理论、系统原理，对每项活动要精心策划，组织、实施、考核、总结，环环相扣，有条不紊，科学、规范、有计划地稳步进行，力求扎实、收到实效。

四是依法的原则。工会主席发挥建设能力，动员组织职工开展群众生产活动必须依法进行。要按照国家的有关法律法规和政策行使工会的权利，履行工会的义务，使各项活动有法可依、有章可循，实行规范化管理，同时也受到法律法规的有力保障。

五是经济效益的原则。在市场经济下，经济效益是企业生产经营目标的核心，因此，群众生产活动也只有以提高企业经济效益为目的才能立于不败之地。衡量群众生产活动的标准就是要看它能否为企业增加效益。每一项活动从一开始就要算经济账，用尽可能少的投入取得尽可能多的产出。

六是群众性的原则。工会主席发挥建设能力、组织群众生产活动的基础是企业的广大职工，运用职工喜闻乐见的方式吸引和调动大家的积极性、创造性，增强企业的活力，同时，对群众生产活动中涌现出的先进集体、先进人物要在精神、物质两方面给予切实的鼓励，保障实现他们的现实利益。

（三）工会主席提升建设能力的意义

提升工会主席建设能力具有重要意义。

首先，它是适应新形势、新任务的需要。党的十八大提出全面建成小康社会和全面深化改革开放的目标。围绕这一目标，把广大职工团结和组织起来，为全面建成小康社会和全面深化改革开放贡献力量，是新形势下工会组织的根本任务。在新形势下，要使工人阶级肩负起自身使命，使工会组织承担起根本任务，作为工会组织的领导者——工会主席提高建设能力就至关重要。

其次，它是更好地履行工会建设职能的需要。建设职能是工会“围绕中心、服务大局”的重要手段之一。在全面建成小康社会和全面深化改革开放的新形势下，工会履行建设职能的任务更加繁重，这就对工会主席的建设能力提出了新的更高的要求。工会主席只有顺应形势、适应要求，不断提高自身的建设能力，才能带领工会组织更好地履行建设职能，教育和引导职工投身改革和建设，增强主人翁责任感和历史使命感，在广大职工中深入开展各种形式的职工经济技术活动，为提高企业经济效益、保持国民经济健康发展再建新功。

再次，它是推动工会群众生产活动创新的需要。通过各种组织形式和活动方式来调动和发挥职工群众的生产积极性和创造性是工会的优势与传统，在这方面，工会主席和工会组织有过辉煌的历史和丰富的经验。诸如劳动竞赛、合理化建议、技术协作和技术创新等组织形式和活动方式，都曾在过去的经济建设中发挥着重要作用。对于这些工会参与经济建设的传统内容与方式，在新形势下应该继续运用和进一步发展，但也要适应当前经济的特点，不断创新内容、形式、目标和组织方式，其中特别要注意处理好经济与政治、利益与奉献、形式与实效等方面的关系。令人可喜的是，近年来各级工会在探索工会群众生产活动新路中，取得了很大进展，工会主席的重要任务就是要提高自身组织职工群众生产的能力，把这一良好势头引向深处、推向前进。

最后，它是职工实现自身价值的需要。工会主席发挥建设能力，组织开展好群众生产活动，就为实现职工的理想、愿望、需求创造了条件，为广大职工发挥首创精神、施展才能、增长才干、陶冶情操开辟了大显身手的广阔舞台。工会主席只要善于团结、引导职工群众，就一定能使他们的聪明才智充分发挥出来，投身改革建设，为企业发展和全面建成小康社会作出贡献。

二、工会主席建设能力“更上一层楼”的途径

提升工会主席建设能力需要通过如下途径：

一是树立和坚持“围绕中心、服务大局”的工会工作宗旨。工会是工人阶级群众组织，工会工作本质上是党的群众工作。工会主席树立和坚持“围绕中心、服务大局”的工会工作宗旨，最根本的就是要不断增强大局意识和责任意识，就是要坚定理想信念，自觉地同党中央在思想上、政治上、行动上保持高度一致，紧紧围绕党和国家工作大局、企业的中心任务开展工作；就是要树立强烈的事业心和敬业精神，勤于学习、刻苦钻研，不断提高理论政策水平和业务工作能力；就是要保持一种昂扬向上、与时俱进的精神状态。工会主席只有牢记宗旨，增强大局与责任意识，才能增强使命感和责任感，从而获得提高建设能力的强大动力，并在实际工作中始终坚持正确方向，把服务发展大局作为中心任务，组织动员广大职工积极投身改革和发展，紧紧围绕创新技术、加强管理、提高质量、降低成本、增进效益、搞好服务等，广泛开展多种形式的群众性经济技术活动，把广大职工最大限度地团结和凝聚起来，聚精会神搞建设，一心一意谋发展。

二是把握工会履行建设职能的规律，掌握工会群众生产工作的方法。促进发展，推动现代化建设事业，工会承担着重要责任，有着广阔的工作领域。工会工作的本质是做人的工作，是做广大职工积极性、创造性的保护和调动工作，是做密切党与职工群众联系的工作，其最终目的是把广大职工凝聚起来，把他们的积极性调动起来，将他们的创造性激发出来，引导到社会主义现代化建设上来，从而实现工人阶级的奋斗目标。因此，工会的一切工作，尤其是工会群众生产工作都离不开发展这一主题，这就是工会履行建设职能的根本规律。工会主席发挥建设能力，做好工会群众生产工作应注意四点：即做好职工群众的教育引导工作，动员职工群众自觉投身全面建成小康社会的伟大实践；努力推动党的全心全意依靠工人阶级根本指导方针的贯彻落实，保护、调动和发挥好职工群众的积极性、创造

性；广泛开展职工经济技术活动，动员广大职工为促进发展建功立业；切实加强工会职工教育和培训工作，努力提高职工队伍素质。在当前的形势下，开展群众生产和经济技术活动要特别强调按照科学规律、市场规律办事，从企事业单位的实际和职工需要出发，符合现代企业制度的要求。要善于总结经验，研究解决在发展社会主义市场经济条件下出现的新情况、新问题，积极探索不同类型企业开展群众生产和经济技术活动的途径与方法，不断增强其吸引力和实效性。

三是提高动员、组织职工群众的本领。工会在经济建设中有自己发挥作用的独特方式。工会参与经济建设，不同于企业行政运用行政化的管理方式来组织生产，而是用吸引的方式来动员和调动职工参加经济建设的积极性。因而，工会在组织职工参加经济建设时，必须强调吸引的原则、自愿的原则和利益的原则。这些原则的本质要求，即是要体现工会在经济建设中的群众性特点。正因如此，工会主席要增强建设能力，组织开展好群众生产工作，就必须增强动员组织职工群众的本领，关键是要做到尊重、信任和服务于职工群众，全心全意依靠职工群众，以及认真贯彻从职工中来到职工中去的工作方法。工会主席只有首先尊重职工群众、紧密联系职工群众，才能赢得职工群众的信任，并最终团结、组织职工群众通过群众生产活动，为企业发展乃至国家发展贡献力量。

第32种 宣传教育能力

一、工会主席宣传教育能力的特色

工会主席的宣传教育能力是指工会主席有目的地将某种信息传播给职工群众和社会公众以影响他们观点、态度及行为的社会活动能力。工会的宣传教育工作从本质上讲就是群众工作，它为党和政府架起与职工群众之间的信任“桥梁”，并将党的路线方针政策准确转化成职工群众改造客观世界的物质力量。因此，提高工会主席的宣传教育能力，做好工会宣传教育工作，为经济发展提供智力支持和思想保障，显得尤为重要。

一是发挥工会桥梁、纽带作用的需要。工会作为工人阶级群众组织，具有党和政府联系职工群众的桥梁、纽带作用。为了实现这种作用，一方面，工会主席通过宣传教育工作，启发职工群众的觉悟，引导职工自觉贯彻党的路线、方针和政策，使党的要求变成职工群众的行动；另一方面，工会主席通过向全社会宣传工人阶级和工会，使人们认识工人阶级和工会在国家政治、经济和社会生活中的作用。

二是培养“四有”职工队伍的需要。发展社会先进生产力，推动社会进步，必须依靠工人阶级。工人阶级要担负起这一历史重任，必须在不断提高思想政治觉悟、认识自己的历史使命和主人翁地位的同时，掌握科学文化知识，提高劳动技能和管理水平，并具有良好的心理素质和强健的体魄。工会主席通过各种宣传教育阵地，以及开展丰富多彩的活动，引导广大职工在德、智、体、美等多方面得到全面发展，造就有理想、有道德、有文化、有纪律的“四有”职工队伍。

三是稳定职工队伍和社会安定的需要。随着经济改革和发展的不断推进，各种与职工切身利益休戚相关的热点、难点问题逐渐显现，部分职工中表现出了一些值得关注和深思的问题。工会主席应及时了解和掌握职工的思想脉搏，切实有效地做好解疑释惑、理顺情绪、化解矛盾工作，从而保护和调动职工群众的积极性，维护职工队伍的团结和社会的稳定。

四是维护职工精神文化权益的需要。职工既有劳动权益和民主权益，也有精神文化方面的权益。工会主席通过组织开展丰富的宣传、文化、教育活动，切实满足职工的精神文化需求，并为实现其精神文化权益创造条件。

五是落实代表先进文化前进方向的需要。随着职工精神文化日益增长的需求，工会组织开展一系列健康有益的宣传教育活动，寓教于乐、寓教于德、寓教于文，以科学的理论武装人，以正确的舆论引导人，以高尚的情操塑造人，以优秀的作品鼓舞人，体现先进文化的发展方向。

工会主席发挥宣传教育能力、做好宣传教育工作具有如下特点：

第一，有鲜明的党性和阶级性。工会主席的宣传教育工作以传播马列主义、毛泽东思想、邓小平理论、“三个代表”重要思想、科学发展观以及工人阶级正确的世界观、人生观、价值观为己任，在政治上、思想上、行动上同党中央保持一致。工会的各级宣传教育机构服从党的领导，接受党的宣传部门的指导。

第二，有广泛的工作对象和丰富的工作内容。工会主席的宣传教育对象主要是广大职工群众，同时面向社会；既向职工宣传党的路线方针政策，又向社会宣传职工的精神风貌和工会的主张；既有理论、思想和信念等方面的教育，又有具体的形势、政策、职业道德和文化技术技能方面的教育。

第三，有群众化和民主化的工作方式。工会主席的宣传教育工作讲究思想内容的针对性、教育形式的灵活性和多样性，因地制宜、因人而异、生动活泼、寓教于乐，尽可能满足不同层次职工的需要。工会主席向广大职工进行宣传教育不能采取强制的办法，只能采取自下而上的办法，以及采取理论联系实际的引导、启发、说服等自我教育的方法。

二、工会主席提升宣传教育能力的方法

新形势下，工会主席要提升宣传教育能力、做好宣传教育工作主要从以下方面着手：

（一）要坚定政治立场

工会主席要切实做到“争当党委、政府、工会各项决策部署的第一领会者、第一解读者、第一鼓劲者、第一促进者”。

第一，加强思想政治建设。工会主席尤其要坚持正确的政治立场、政治方向、政治观点，严守政治纪律，坚定正确的理想信念，牢固树立正确的世界观、人生观、价值观。不仅在工作中谨言慎行，在宣讲中注重鼓劲加油，也要在生活中、网络中不发表违反组织原则、不利于团结稳定的话语。

第二，增强“宣传无小事”观念。宣传教育工作事关工会形象和职工群众的切身利益，特别是网络传播时代，任何一件小事都可能被炒作成热点问题。工会主席必须谨小慎微，提高政治敏锐性和责任感，要学会对事件发展趋势作出正确预判，学会科学处理舆情突发事件，学会应对媒体、引导职工群众，不断增强工作的主动权。

第三，强化廉政勤政意识。工会宣传教育工作任务很重，经费不多，工会主席要有成本意识，做到少花钱干大事，追求不花钱也能干成事。要加强统筹协调能力，学会整合资源，善于借力、借势，调动各方力量为我所用。

（二）要贯彻群众路线

工会主席要贴近实际、贴近生活、贴近职工群众，让工作更务实、措施更到位、职工群众更满意。

第一，学会讲真话。工会主席的宣传教育工作是宣传教育职工群众，必须和职工群众掏心窝子，讲真话，讲实话，成为工会信息的权威发源地。要讲究语言艺术，既要客观公正、不偏不倚，又要生动活泼、通俗易懂，让职工群众真听、真信、真懂、真用。

第二，学会“接地气”。宣传教育工作不能走马观花，而要下马看花、上山探花。特别是遇到急难险重的事项，一定要在第一时间赶到第一现场，掌握第一手资料，增强工会教育宣传工作的针对性和实效性、影响力和号召力。

第三，学会问民生。“为发展鼓劲，为职工代言”，服务职工群众是工会宣传教育工作的一项重要任务。实践证明，符合职工群众需求的宣传教育方式就是受欢迎的好方式。工会宣传教育工作只要问需于民，就会受到职工群众的欢迎和热捧。

（三）要学会虚功实做

工会宣传教育工作往往显得比较“虚”，时间上经常被缓一缓、挪一挪，任务上弹性大、刚性小，理论上重要性极高、实践上达成效果难界定，可以学习借鉴项目化管理方法，明确“落实责任、工作内容、完成时间、达到效果”，克服宣传内容“高、大、空”的倾向。

第一，项目化管理让工会宣传教育工作更有成效。项目化管理方法有利于调动工会干部的积极性、主动性，增强责任感。由于工作环节的精细化，从主题的确定到每一步骤都明晰到人，使得宣传教育工作更有成效。“谋一事，干一事，成一事”，让工会干部更有分量，更有成就感。

第二，项目化管理让工会宣传教育工作更有效率。“功者难成而易败，时者难得而易失”，工会宣传教育工作也要讲效率、拼速度，否则轻者失去话语权，甚至被边缘化。牢固树立效率意识，客观分析困难矛盾，科学安排工作进程，努力提高效率，让工会宣传教育工作创先争优，取得真正的工作业绩。

第三，项目化管理让工会宣传教育工作更加互动。项目化管理促进了工会干部与职工群众之间更多的互动。多数项目都是相关单位和职工群众所做的，宣传的调子都是经过职工群众认可、在与部门单位和职工群众互动中所提出来的。不仅仅是为宣传而宣传，工作本身就起到与广大职工群众的互动，对于提高宣传教育工作吸引力是非常有益的。

（四）要善于总结提炼

经验需要总结，精神需要提炼，工会主席要善于将各项工会工作中的亮点工作、典型人物加以总结提炼，并作宣传报道。

一是做笔杆子。写的过程就是思考的过程、总结的过程、提升的过程，每写一篇信息就是向党政和上级工会汇报一次工作。要养成白天走看干、晚上读写想的习惯。久久为功，从事、领导宣传教育工作的能力就能逐步提升。

二是练嘴皮子。工会主席就是一个“广播站”，要走到哪，就把工会的精神传达到哪，把方针政策灌输到位，把复杂道理解释简单，把枯燥问题解读幽默，真正做到“传道授业解惑”，引导职工群众入耳、入脑、入心。

三是搭台架子。工会主席要巧于策划，结合企事业单位的中心工作和实际情况开展活动；要精于发掘，尤其抓住各行各业涌现的先进典型；要勤于联系，与媒体交朋友，建立各种宣传渠道。

（五）要敢于推陈出新

工会宣传教育工作面临的新问题、新情况层出不穷，一些工会主席在工作中发现“老办法不管用，新办法不会用”，出现“本领恐慌”和“能力危机”。

一要思维活跃。工会宣传教育工作处于各种思想多元多变多样要用一元引导多元的最前线，处于应对各种媒体正面采访和负面曝光相互交织在一起的最前线，处于满足职工群众求知、求美、求乐过上幸福生活的最前线，处于一个工会推介宣传、展示形象、扩大影响的最前线，工会主席既要有缜密的思考，又要有跳跃的思维，增强预判能力、引导能力、统筹协调能力。

二要心态年轻。工会工作是朝气蓬勃的事业，是与时俱进的事业，工会主席既要稳重、成熟，也要熟练运用网络、微博等新兴宣传载体，熟悉社会管理创新、网络舆论引导等领域出现的新问题，时刻保持旺盛的战斗力，提高不断接受新知识的能力。

三要打造品牌。工会宣传教育工作有理论舆论、文化文艺，工会主席要树立品牌意识，在全面落实的基础上，要着重打造一两个拿得出手的品牌。品牌就是特色，品牌建设考验工会主席出规划、抓落实的能力，要当成一项重要工作来对待。

第33种 群众工作能力

一、从群众中来，到群众中去

做好群众工作是工会的职责所在。“一切为了群众、一切依靠群众，从群众中来、到群众中去，密切联系群众”为核心内容的群众路线，是我们党根本的政治路线和组织路线。工会工作作为党的群众工作的重要组成部分，更要贯彻党的群众路线。密切联系职工群众是工会的最大优势，也是工会生存发展的根本条件，是全部工会工作的生命线。从整个中国工运史来看，中国工会之所以能发展壮大成为世界上拥有会员最多、组织最健全的工会组织，一方面得益于中国共产党的正确领导，始终沿着正确方向前进；另一方面就是得益于中国工会始终与职工群众密切联系，始终代表和维护职工群众的利益，得到了广大职工群众的衷心拥护。在进入全面建设小康社会、实现“中国梦”的新形势下，工会有必要也必须继续发扬密切联系职工群众这一优良传统和作风，把竭诚为职工群众服务作为工会一切工作的出发点和落脚点。

做好群众工作是工会的优良传统和政治优势。工会工作的本质就是群众工作，核心是正确处理职工内部矛盾。做群众工作，要始终站在职工群众的立场上，真心为职工群众着想，全力为职工群众造福，办好顺职工意、解职工忧、惠职工生的实事，维护好、实现好、发展好最广大职工的根本利益。正确的方式方法是做好群众工作的保障。要认真贯彻执行已有的行之有效的群众工作制度，大力弘扬深入群众、深入基层、深入调查研究的优良传统，拿出更多的时间和精力到基层去、到一线去、到条件较差和情况复杂的地方去，察实情、办实事、求实效，做到谋划发展思路向职工群众问计，查找发展中的问题听职工群众意见，改进发展措施向职工群众请教，落实发展任务靠职工群众努力，衡量发展成效由职工群众评判。面对新形势、新任务，要善于研究和把握群众工作的特点和规律，创新工作方法，把群众工作做深、做细、做实，增强群众工作的亲和力和感染力，提高群众工作的针对性和实效性。

做好群众工作是加快科学发展的有力保障。随着改革开放的不断深入和民主政治的不断发展，广大职工群众的政策、效率、公平竞争观念和民主、参与、自主意识不断增强，人们对社会政治生活的参与要求日益高涨。这种变化，对我们的工会工作提出了新的更高要求。我们要认真研究新形势下群众工作的新特点和新规律，以极端负责的态度做好与职工群众利益密切相关的各项工作，以赢得职工群众的信任，构建和谐劳动关系，不断开创社会主义工会事业的新局面。

当前，我国正处于经济社会发展转型的重要时期，既面临难得的历史机遇，也面临诸多风险挑战，工会群众工作也呈现了前所未有的特点和挑战。一方面，工会干部队伍的结构发生了较大的变化。在改革开放和市场经济条件下成长起来的工会干部，缺乏艰苦环境的锻炼，缺乏与职工群众同甘苦、共命运的感同身受，做基层和群众工作的能力较弱，甚至还有些工会干部群众观念淡薄，崇尚个人主义，群众工作方法方式简单粗暴，工作态度懒散怠慢。另一方面，职工队伍结构发生了较大变化。随着市场经济的不断发展、不同区域和不同行业的发展水平和收入水平差距持续拉大，职工的心理和道德价值取向多样化、复杂化，会相应地生发出一些矛盾和问题。随着社会的发展，职工的利益需求也从普通化的物质利益向生存利益、精神利益、民主权利转变，涵盖了经济、政治、文化和社会的各个方面，从单一化趋向多样化、从普遍化趋向差异化。

二、新形势下工会主席做好群众工作的方法和途径

（一）转变观念，树立服务意识

一是要有真心。我们要始终做到真心为职工群众服务，要时刻把他们的安危冷暖记在心上，千方百计地急职工群众之所急，想职工群众之所想，忧职工群众之所忧，始终把职工群众的利益放在第一位。二是要有爱心。爱心是做好职工群众工作的永恒条件，也是亘古条件。做好群众工作就要求工会主席不断增进与职工群众的真挚感情，设身处地、换位思考，与职工群众朝夕相处，与职工群众交朋友，切实维护职工群众的合法权益，真正解决职工群众的实际困难，让他们切实感受到工会的关怀。三是要细心。新形势下的群众问题趋向于复杂化，这就需要工会主席开展群众工作要心细，经常性地深入基层，深入职工群众，调解事关职工群众利益的矛盾纠纷，及时发现各种苗头性、倾向性的问题，努力把问题解决在基层，把矛盾消化在萌芽状态。

（二）转变作风，树立良好形象

工会主席要转变作风，必须做到四点：一是向职工群众学习。职工群众在生产实践中积累了丰富的经验、知识和才能，工会主席只有虚心地向他们学习，运用从群众中来的方法，把职工群众的意见和要求集中起来，再到群众中去，才能体现职工群众的愿望、维护职工群众的利益。二是必须深入基层、深入实际，真诚倾听职工群众的呼声，真实反映职工群众的愿望，真情关心职工群众的疾苦，多为职工群众办好事、办实事，好作风重在实践，好形象积于点滴。三是必须讲党性、重品行、作表率，反对任何形式主义、官僚主义，倡导勤俭节约、反对铺张浪费，真正与职工群众同甘共苦、荣辱与共。要始终坚持自重、自省、自警、自励，秉公用权，艰苦奋斗，永葆人民公仆的政治本色。四是必须坚持严于律己、廉洁奉公，增强反腐倡廉的自觉性，以身作则、率先垂范，正确行使手中权力，始终做到清正廉洁，自觉同各种腐败现象作坚决斗争。

（三）提高工作能力，真诚服务职工群众

做好新时期的职工群众工作，提高工会主席做群众工作的能力非常重要。一是努力提高深入职工群众的能力。通过深入基层，真正了解职工群众呼声，真实掌握基层职工实情。二是努力提高组织职工群众的能力。尊重职工群众，把职工群众的意愿、要求和利益作为想问题、作决策、办事情的出发点和落脚点，从而有效地组织职工群众。三是努力提高和职工群众沟通的能力。新时期职工群众工作矛盾的新特点，要求工会主席既要敢于、善于做职工群众工作，而且对职工群众过激的言辞和行为，还要讲韧性、有气度，具备良好的心态。面对突发事件，不能头脑发热、盲目冲撞，要理性思维，冷静处置，耐心细致地做工作，旗帜鲜明地向职工群众讲清道理，争取职工群众的理解和支持。四是努力提高服务职工群众的能力。要做到心里装着职工群众，一切为了职工群众。五是努力提高化解矛盾的能力。提高及时化解矛盾的能力，必须从源头抓起，关心职工群众的生产生活问题，切实维护职工群众的切身利益。

（四）加强教育引导，善于做思想工作

要适应职工群众工作的新情况、新形势，不断创新思想政治教育活动载体，宣传党的路线方针政策、国家法律法规、重大工作部署，提高职工群众的思想觉悟和文化道德水平，使职工群众自觉履行法律法规及道德行为规范，引导职工群众依法反映合理诉求，自觉维护社会稳定大局。要充分运用广播电视、短信、网络等载体开展宣传教育工作，做到广覆盖、深宣传。要大力开展文化体育活动，在丰富职工群众文化生活的过程中抓好教育引导。同时，要把解决思想问题同解决实际问题结合起来，把教育引导与提供服务结合起来，两者相互配合、相互促进。要突出从职工群众反映最强烈、最关心、最现实的问题入手，想职工群众之所想、急职工群众之所急、盼职工群众之所盼，直面职工群众反映最强烈的问题，提出切实可行的办法解决问题，增强职工群众的认同感和信任感。

第34种 依法治会能力

一、大力推进工会工作法治化建设

全面推进依法治国，必须坚定不移走中国特色社会主义法治道路。工会工作法治化建设是法治国家、法治政府、法治社会一体建设的重要组成部分。推进工会工作法治化建设，是中国工会自觉接受中国共产党领导、坚持走中国特色社会主义工会发展道路的内在要求；是工会在全面建成小康社会、全面深化改革、全面推进依法治国新形势下依法维护职工合法权益的客观需要；是贯彻落实《中共中央关于加强和改进党的群团工作的意见》，充分发挥工会群众化、民主化优势，发展和谐劳动关系的重要保障。各级工会应当针对当前存在的法治意识薄弱、依法维权能力欠缺、法律专业人才匮乏等突出问题，在工会组织和亿万职工中大力弘扬法治精神，大力普及法治知识，以强化法治思维为切入点，以提高依法维权能力为着力点，以维护职工合法权益为落脚点，依法建会、依法管会、依法履职、依法维权，坚持在法治轨道上开展工会各项工作。

各级工会要按照全面推进依法治国总目标的要求，团结动员广大职工支持、参与、投身社会主义法治国家建设，围绕科学立法、严格执法、公正司法、全民守法各环节，促进法治的完善和落实，维护好职工的经济、政治、文化、社会权益，实现体面劳动、全面发展。

（一）加强源头参与，促进科学立法

要加强与立法机关的沟通协调，组织和代表职工参与立法，促进涉及职工权益和工会活动的各项立法更加科学、更加民主。要通过立法建议、立法机关和社会公众沟通等机制，重点推动收入分配、集体协商、民主管理、社会保障等方面法律的制定，促进法律体系不断完善。要通过政府和工会联席会议制度、协调劳动关系三方机制等途径，积极参与改革过程中涉及职工利益的政策和方案的制订，保证各项决策公平公正。要推动完善以职工代表大会为基本形式的企事业单位民主管理制度，依法参与涉及职工切身利益的规章制度或者重大事项的制定和完善，推动企事业单位依法管理、民主管理、科学管理，促进劳动关系和谐。

（二）强化监督检查，促进严格执法

要组织和代表职工积极建议和配合人大执法检查、政府行政执法、政协委员视察，开展劳动法律法规和《工会法》的监督检查，推动严格执法，依法纠正和查处违法行为。要充分发挥新闻媒体作用，加强对劳动违法行为的舆论监督。要推行工会劳动法律监督意见书和建议书制度、重大典型劳动违法案件曝光和公开谴责制度，充分发挥工会劳动法律监督组织和监督员作用，加大工会劳动法律监督力度。要推动完善劳动违法失信行为惩戒机制。要重点推动劳动合同、劳动报酬、劳动安全卫生、社会保险等法律法规的贯彻落实，加强对一线职工、农民工、劳务派遣工、困难职工等群体合法权益的维护。

（三）化解劳动争议，促进公正司法

要健全劳动关系矛盾纠纷预防化解机制，推动完善调解、仲裁、诉讼等劳动争议处理制度。要加强工会劳动争议调解工作，推进基层调解、仲裁调解、司法调解联动工作体系建设，促进劳动争议仲裁制度的改革与发展，提高仲裁效率和公信力。要积极建议人民法院设立劳动法庭，完善劳动争议诉讼制度。要建立健全职工法律服务体系，完善职工法律援助制度，为职工提供及时有效的法律服务和援助。要组织和代表职工支持和促进司法公正，尊重和维护司法权威，努力让职工群众在每一个司法案件中感受到公平正义。

（四）加强法治宣传，促进全民守法

要弘扬社会主义法治精神，帮助和引导广大职工成为社会主义法治的忠实崇尚者、自觉遵守者、坚定捍卫者，使尊法、信法、守法、用法、护法成为劳动关系双方的共同追求。要在法治宣传教育中发挥工会的职能作用，加强对普法工作的领导，健全普法宣传教育机制。要充分发挥工会的组织优势、阵地优势，加强普法宣讲团、志愿者队伍建设，送法下基层、进企业，运用多种方式特别是新媒体新技术深入开展法治宣传教育，提高普法实效。要把法治教育纳入职工教育培训和精神文明创建内容，开展职工群众法治文化活动，强化规则意识，倡导契约精神，弘扬公序良俗，引导广大职工和企事业单位自觉履行法定义务。

二、努力增强工会主席依法治会的能力

各级工会组织和工会主席必须按照党的十八届四中全会提出的要求，紧紧围绕着力扩大覆盖面、增强代表性，着力强化服务意识、提高维权能力，着力加强队伍建设、提升保障水平的要求，加强运用法治思维和法治方式开展工作的能力建设，推动改革发展，维护职工权益，协调劳动关系，促进社会稳定。

（一）牢固树立法治观念

要树立宪法法律意识，坚定宪法法律信仰，尊重宪法法律权威，遵守宪法法律规定，在宪法法律范围内开展活动。要增强法治观念，自觉以法治思维看待问题，用法治方式解决问题，养成遇事找法、办事依法、解决问题靠法的法治思维习惯，作决策、办事情都要有法律依据、讲法律程序，牢记法律红线不可逾越，法律底线不可触碰。各级工会主席要带头学法、模范守法，牢记有权必有责、用权受监督、违法必追究。

（二）努力掌握法治知识

工会主席要努力掌握法治的基本知识，熟悉和理解法律基本概念、法律体系构成、法律调整方式、法律适用规则。要熟练掌握涉及职工切身利益和工会活动的法律知识，切实提高依法开展工作的能力。要善于运用法

律手段，解决改革发展中的各种劳动关系矛盾和问题，把法律原则和法律规范熟练运用于维护职工权益的法治实践。

（三）依法推进工会组建

工会主席要深入基层，贴近职工，切实做好法治宣传教育和组织服务工作，增强职工参加和组建工会的内生动力。要依法完善工会组建制度，转变工会组建方式，引导和动员职工依法行使宪法、工会法赋予的结社权利，帮助和指导职工依照法定条件和法定程序参加和组建工会。要依法通过会员大会或会员代表大会民主选举产生各级工会委员会和工会经费审查委员会，依法建立女职工委员会。基层工会组织要依法取得社会团体法人资格。工会委员会换届及工会组织变更、合并、撤销应依法进行。要依法维护工会干部合法权益，保障工会干部依法履职。要依法保障工会组织的团结和统一。

（四）依法管理工会事务

工会主席要依法管理工会事务，就要依法健全会籍管理、工会活动、工会经费和财产管理等各项规章制度，形成配套完备的规章制度体系，打牢依法管会的制度基础。要依法收缴工会经费，加强工会经费审查审计监督，依法管理和使用工会经费和财产，夯实服务职工和开展工会活动的物质基础。要依法清理工会现有规章制度，工会规章制度和规范性文件出台前要进行合法性审查。要依法建立科学民主的决策机制，建立重大决策终身责任追究制度和责任倒查机制。要依纪依法反对和克服形式主义、官僚主义、享乐主义和奢靡之风，形成严密的长效机制。

（五）依法履行工会职责

工会主席要依法履行工会职责，就要依法组织召开企事业单位职工代表大会，充分发挥职工代表大会作用，推行厂务公开，落实职工的知情权、参与权、表达权、监督权。要帮助和指导职工签订劳动合同，代表职工签订集体合同及劳动安全卫生、女职工权益保护、工资调整机制等专项集体合同。要依法对企事业单位处分职工提出意见，对侵犯职工合法权益问题进行调查，与企事业单位交涉，督促改正劳动违法行为。要依法代表职工与发生停工、怠工事件的企事业单位进行协商，反映职工诉求，提出解决意见。要依法参加职工因工伤亡事故和其他严重危害职工职业健康问题的调查处理，提出意见和建议。要依法开展劳动争议预防预警和调解工作，支持职工进行劳动争议仲裁、诉讼。要依法做好劳动模范和先进生产（工作）者的培养、评选、表彰和管理服务工作，组织职工开展群众性的合理化建议、技术革新活动，进行业余文化技术学习和培训。

（六）依法维护职工权益

工会主席要依法维护职工权益，就要依照宪法、工会法维护职工参加和组织工会的权利，保障会员的选举权、被选举权、表决权，以及对工会工作进行监督和提出意见建议等权利。要依照劳动法律法规，维护职工平等就业和选择职业、取得劳动报酬、休息休假、获得劳动安全卫生保护、接受职业技能培训、享受社会保险和福利等各项权益。要通过为职工提供法律服务、法律援助，努力解决好职工最关心最直接最现实的利益问题、最困难最操心最忧虑的实际问题，全心全意为职工服务。要依法纠正企事业单位违反民主管理制度的行为，保障职工依法行使民主管理权利。要完善工会文化宣传教育体系，活跃和丰富职工群众文化生活，依法维护职工的精神文化权利。要加强人文关怀和心理疏导，促进职工舒心工作、体面劳动。

工会主席要以身作则，以上率下。要把法治建设成效作为衡量各级工会领导班子和工会干部工作实绩重要内容，纳入政绩考核指标体系。要把法治素养的高低、依法办事能力的强弱作为考察和使用干部的重要内容和依据。

第35种 思想政治工作能力

一、思想政治工作的丰富性

工会开展的思想政治工作是党的思想政治工作的重要组成部分。其本质特征是宣传职工群众、教育职工群众、引导职工群众、提高职工群众素质，焕发职工群众的积极性、智慧和创造力。工会开展思想政治工作的本质特征，决定了思想政治工作是工会主席日常工作的重要组成部分，因而如何在实践中提高思想政治工作能力就显得非常重要。工会主席只有不断学习，积极进取，丰富自己的文化理论知识，提高自己的政治理论水平，才能在工会工作的实践中，在做职工群众的思想政治工作方面得心应手。

工会主席做好思想政治工作的能力十分重要：一是可以帮助职工了解党的路线、方针和政策，提高广大职工的思想政治觉悟，并使广大职工的思想、行动能与党在每一阶段的中心任务相协调、相统一，在政治上与党中央保持高度一致。二是可以帮助职工树立主人翁责任感，积极参与企业民主管理，行使自己的民主权利。三是可以最大限度地调动广大职工的积极性和创造性，促进企业生产的发展和经济效益的提高。四是可以提高职工的自身素质，协调广大职工之间的关系，为企业的生产和经营活动，营造一个和谐、良好的人际关系氛围，同时也为企业树立积极进取的企业精神。

工会主席做好思想政治工作的着力点有以下几方面：

一是面向职工开展系列教育。引导和帮助广大职工不断提高自身素质，不断加强工人阶级队伍建设，这是工会主席思想政治工作的首要任务。要深入开展中国特色社会主义理想信念教育，培育和践行社会主义核心价值观，弘扬中华优秀传统文化，开展以职业道德为重点的“四德”教育，深化“中国梦·劳动美”教育实践活动，不断引导广大群众增强中国特色社会主义道路自信、理论自信、制度自信。要创新思想政治工作方式方法，加强人文关怀和心理疏导，打造健康文明、昂扬向上的职工文化，丰富职工精神文化生活，不断满足广大职工群众精神文化需求。

二是做好职工思想动态的分析和研究。调查研究是思想政治工作的一种基本方法，只有坚持调查研究，才能做到心中有数，才能摸清底数，才能做到有分析、有判断、有对策、有效果。工会主席只有经常深入职工群众，倾听职工群众的呼声，经常对职工思想状况进行分析和研究，才能及时掌握职工的思想动态，了解职工普遍关心的问题，从而有针对性地做好职工思想政治工作。

三是总结和推广职工思想政治工作的有益经验。工会主席开展思想政治工作，主要体现在工会组织所开展的各项具体活动中，如工会组织职工在基层所开展的“职业道德标兵”“职业道德先进单位”“自学成才”等评比表彰活动。及时总结和推广职工思想政治工作中的先进典型和成功经验，这是工会主席开展思想政治工作的一项重要内容。

工会思想政治工作是党的思想政治工作的一个重要组成部分，因此它具有一般思想政治工作的特点；同时又由于工会组织联系群众的特殊性，这就决定了工会主席发挥思想政治工作能力具有自己独特之处，其特殊性主要体现于以下几个方面：

一是寓教于活动之中。工会作为职工群众团体，面向广大职工，其教育内容和形式都要符合广大职工的意愿和要求。工会主席思想政治工作不以正规化的学校教育为主体，而是通过开展各种形式的活动，有意识地寓教于乐，将严肃的思想政治内容与生动活泼、丰富多彩的业余文化及体育活动结合起来，吸引广大职工积极参与。

二是自我教育为主。工会主席开展思想政治工作，主要是通过说服、教育、吸引、疏导的方法，是群众自我教育的方法。工会主席根据职工群众的实际水平和要求，通过组织开展建设职工之家，引导职工互帮互学。通过典型示范教育活动以及做学习型职工活动，帮助职工营造良好的自我教育环境，以不断提高适应岗位、适应市场竞争的能力。

三是教育重点以中间和落后状态的职工为主。工会是工人阶级的群众组织，工会主席思想政治工作的教育对象应该包括所有加入工会组织的职工，特别是那些处于中间和落后状态的职工，他们在各企事业单位中占了很大比例，工会主席应将其作为教育的重点。

二、工会主席思想政治工作能力的培育

思想政治工作能力是一项综合的能力，工会主席要提高思想政治工作的能力，就必须掌握群众思想政治工作的规律，加强自身修养，从而在实践中探索出一整套行之有效的方法和途径。

思想政治工作方法就是为了达到一定的教育目的而采取的措施和手段。工会主席在做职工思想政治工作时，既要把它看成党的思想政治工作的一个重要组成部分，同时又要突出工会组织自己的特色。工会主席所从事的思想政治工作，对于提高职工的主人翁责任感、促进企业的精神文明建设、防止封建迷信和腐朽落后的思想观念侵蚀，都具有重要作用。在具体方法方面，工会主席更需要在日常的各种职工群众喜闻乐见的活动中，解决职工中存在的各种思想问题，并侧重解决职工在生产和生活中存在的具体问题，通过行之有效的思想政治工作，达到让职工自我教育、自我提高的目的。

工会主席提高思想政治工作能力、做好职工思想政治工作应着力把握如下原则：

一要紧密围绕企业中心任务。工会主席虽然不亲自参加企业的生产经营活动，但工会工作一定要紧紧围绕企业的中心任务，即企业的生产经营活动来进行。这就要求工会主席一是要把企业经营之道的各种理念，反复

地向职工群众进行宣传，使经营之道的各种理念成为职工的思想定式、价值取向和行为规范，指导规范企业生产经营活动各个环节、各种行为；二是要积极协助生产经营者制定有关的规章制度，把企业经营之道的各种理念融入企业的各项规章制度、操作规范、作业标准和岗位要求之中，成为职工的自觉行动；三是要通过开展管理创新、技术创新、劳动竞赛、创新创效等职工广泛参与的活动，提升企业的管理水平。

二要注重关心和维护职工的具体利益。工会主席的思想政治工作不仅要紧密结合生产、经营和管理工作来进行，而且要与解决职工的实际问题结合起来，要注重关心和维护职工的具体利益。职工在生产、生活和工作中总会遇到这样或那样的问题，这些问题若不能及时得以解决，就会影响职工积极性的发挥，影响社会的稳定。工会主席作为职工的贴心人，一定要关心和帮助职工解决他们亟待需要解决的问题，要为职工说话、办事，多做实事、做好事，解除职工后顾之忧，增强工会组织和企业的凝聚力。

三要注重方法的科学性。工会主席的思想政治工作也应随着时代的发展而有所创新，在方法上要更加注重科学性，如调查研究和个别谈话、家庭访问是工会主席常用的思想政治工作方法。通过调查研究，掌握职工的思想动态，找出规律性的认识，以理性来指导思想政治工作。而个别谈话、家庭访问，是工会主席比较常用的方法，工会主席通过个别谈话深入细致地了解职工的思想状况，通过掌握第一手资料，有针对性地做好思想政治工作。

四要讲究方法的灵活多样性。思想政治工作的主要对象是人，加入工会组织的职工各色各样。工会主席要注重方法的灵活多样性，要因时、因地、因人、因事制宜，具体来说，方法大体可以分为以下几种：一是举办各种培训班，提高职工的政治、文化及技术素质。二是读书自学法。工会主席要引导和启发职工进行自我教育、自我提高，通过读书自学，帮助职工树立科学的世界观、人生观和价值观。三是座谈讨论法。工会主席运用启发疏导的方法，通过民主讨论的方式，让广大职工畅所欲言、自由讨论，工会主席通过摆事实、讲道理，分清是非曲直，辨明事实真相，解决职工中存在的思想问题。四是寓教于乐法。工会主席思想政治工作的优势就在于通过平常举办的各种活动，将广大职工吸引到工会组织中来，通过组织各种丰富多彩的业余文化、体育活动，寓教于乐，向职工进行爱国主义、集体主义等思想政治教育，陶冶他们的情操，提高广大职工的思想道德水准。五是以理服人，以情感人。以理服人，必须因人施教，针对不同的对象和具体问题采取不同的方法和方式，必须透彻说理，以事实教育人。同时工会主席的思想政治工作不仅要以理服人，更要以情感人，工会主席要做职工的贴心人，经常深入职工群众、关心群众疾苦，与群众培养深厚的感情，为职工排忧解难，才能以情感人，增强思想政治工作的实际效果。六是坚持典型示范。抓典型，树榜样，是工会思想政治工作行之有效的工作方法，在新的历史时期，更需要工会主席善于发现典型人物及典型事例，实事求是地进行宣传，通过演讲、座谈等形式，广泛宣传先进人物的先进思想及他们在生产、工作和生活中的模范行为。榜样的力量是无穷的，通过先进典型的教育，在职工中形成一个支持先进、学习先进、尊重先进、热爱先进、争当先进、赶超先进的良好风气，从而带动最广大的职工群众共同进步。

第 36 种 劳动关系协调能力

一、构建和谐劳动关系的必需能力

面对我国复杂的劳动关系现状，党的十八大报告明确指出：健全劳动标准体系和劳动关系协调机制，加强劳动保障监察和争议调解仲裁，构建和谐劳动关系。因此，正确处理和协调劳动关系，已经成为我们在处理和协调各种经济社会矛盾中的一项长期的中心内容，成为协调社会经济发展的重要方面，成为建设和谐社会的基础工作。

维护职工的合法权益，构建和谐劳动关系是工会的重要职责。这就要求工会主席首先要做好劳动关系协调工作，具备良好的劳动关系协调能力。工会主席要提高自身的劳动关系协调能力，不仅要有认真负责的态度、客观公正的意识，更需要相应的劳动关系和劳动保障法律知识以及娴熟的判断、沟通和说服技能。

协调劳动关系要遵守以下原则：

第一，遵章守法，严谨求实。即所有调解活动必须依法开展，即调解范围、程序步骤、工作方法必须符合有关法律、法规、规章和政策的规定。劳动关系协调工作关系到劳资双方的切身利益，只有以严谨求实的工作作风、精湛娴熟的业务能力、以人为本的服务理念，才能使劳动关系健康发展。在协调的过程中必须以事实为依据，以法律为准绳。

第二，以人为本，客观公正。在劳动争议调解时，必须坚持“以人为本、客观公正”的原则。即受理劳资纠纷基于双方当事人自愿，如果当事人不愿意接受调解，或者不愿意接受某个组织和个人的调解，或者有一方当事人不愿意接受调解，均不能强迫。在调解过程中应坚持客观公正的原则，对当事人必须进行耐心细致的劝解、开导、说服，不允许采取歧视、强迫、偏袒和压制的办法。经充分征求双方当事人意见后达成的协议，其是非界限、责任承担、权利义务内容，必须由当事人自愿接受，不得强加于人。

第三，积极主动，热情服务。劳动关系协调工作涉及面广、利益复杂、协调困难，这就更需要协调人员积极主动，热情服务，积极主动地了解劳动关系状况，认真查找问题，及时化解矛盾纠纷，为劳资双方当事人提供热情周到的服务。

第四，和谐至上，合作共赢。在劳动关系协调工作中，首先，要使劳资双方树立“和谐至上、合作共赢”的观念。深刻理解企业员工相互依存的道理，企业要以人为本，利益共享；员工自觉参与企业制度文化建设。其次，要建立科学合理的激励机制。员工是价值的创造者，同时也应该是价值的分享者，建立利益分享的激励机制是和谐劳资关系的必由之路。最后，还应强化企业的社会责任。对员工负责，关爱员工是企业承担社会责任的第一要素，是企业能够长久发展的内在动力。应将企业和员工的长远发展联系起来，实现员工与企业的共同成长。

工会主席要协调好劳动关系，应从以下方面着手：

第一，树立和强化现代劳动关系协调意识。现代劳动关系协调意识是指按照市场经济的要求，以高度的责任心和完善的服务，及时公正快捷地协调劳动关系纠纷，将劳资双方的损失最小化，最大限度地恢复和谐劳动关系。这就要求工会主席要牢牢把握“中立、平等、公正、高效、和谐、文明”的原则，始终保持高尚的人格和气节。

第二，以公正办事，实现公平正义。公正是包括劳动关系协调在内的解决争议方式均应遵循和追求的价值目标，也是当事人寻求解决争议时最主要的心理期待。工会主席作为裁判者，必须要强调公心，不谋私利，绝不以牺牲法律的公正、自身的名誉和当事人的利益来换取人际关系和物质利益。

第三，讲诚信，守纪律。法律和当事人赋予的劳动关系协调权，从本质上说是因当事人的信任而产生的，工会主席只能以诚信报答当事人的信任。依法公正断案，才能对得起当事人，对得起法律，对得起自己的良心。

第四，言语仪表要恰当。工会主席在协调劳动关系时，言语仪表要与身份相符合，要善于引导当事人在有限的时间内陈清事实和理由，始终把握良好的陈述气氛，避免吵架式的辩论。

工会主席要提高协调劳动关系的能力，首先应具备以下能力：

第一，表达和说服能力。准确的语言表达能力是说服力的基本功，但语言表达能力不是花言巧语，更不是蒙人、骗人的诡辩术。工会主席要充分理解劳动关系协调双方当事人的情况，站在公平、公正、独立的立场上，通过讲事实、摆道理、说法律，有理有据地引导双方当事人朝着解决问题、合作共赢的方向发展。

第二，沟通能力。沟通能力包含着表达能力、争辩能力、倾听能力和设计能力，工会主席在协调劳动关系时，要恰当地把握问题的尺度。对于复杂的劳动关系问题，要理性地进行沟通。对于协调过程中双方当事人暂时的不理解，工会主席要有耐心，要主动去了解双方当事人的心理状态，并调节自己的沟通方式，以便更好地完成沟通过程。

第三，调查和分析判断能力。面对复杂的劳动关系问题，工会主席要学会观察，提高调查问题和分析问题的能力，透过现象看本质，通过事实反映出来的劳动关系问题去分析其背后的利益关系和劳资博弈过程，并站在公平、公正、独立的立场上，客观分析问题，客观判断问题，为处理劳动关系问题作好调查准备。

第四，协调能力。工会主席在协调劳动关系时，重点在于推进问题的解决，实现劳动关系双方当事人的相互理解、促进共赢发展，实现稳定和谐的劳动关系。因此，工会主席要掌握好协调的能力，有效引导双方当事人相互理解、相互信任，促进问题的化解。

第五，化解冲突和应急处理能力。由于劳动关系问题大多涉及双方当事人的利益冲突，因此，有的劳动关系问题会伴随着双方当事人的冲突甚至发展为群体性事件，因此，工会主席要掌握化解冲突和应急处理的能力，应急处理突发的劳动关系问题。

二、工会主席提升劳动关系协调能力的方法和途径

工会主席要做好劳动关系协调工作，就要从以下方面着手，提升自身的劳动关系协调能力。

（一）采用合理的调查方法

工会主席要协调好劳动关系，首先要收集相关劳动关系资料，了解劳动关系的状况，通常采用以下调查方法：

第一，调查法。在社会学的研究中，人们常常使用直接向对象问询的调查方法，或是单纯为了收集资料，或是找出事实之间的关系，这种方法就叫调查法。它的操作过程是：首先，随机抽取调查样本。其次，对调查样本进行问卷调查和访问。最后，对调查材料进行分析，得出结论。

调查法主要包括问卷法和访谈法两种。问卷法是社会调查中最常用的资料收集方法，也是工会主席经常用到的调查方法。问卷分为自填问卷和访问问卷两种类型，自填问卷由被调查者自己填答，可以通过各级工会或调查者发放到被调查者手中，而访问问卷则由调查者根据被调查者的口头回答来填写。访问法是调查者去访问被调查者，通过向被调查者提问而获取调查资料的方法。它是最普遍的社会调查方法之一，整个访问过程是访问者与被访问者互相影响、互相作用的过程。访问的目的是了解社会真实的情况。

第二，观察法。观察法就是研究者根据研究课题需要，利用眼睛、耳朵等感觉器官和其他辅助观察设备，有目的地对观察对象进行考察，以取得研究所需要的第一手资料的一种方法。工会主席可以通过有目的的观察，查看调查对象的劳动关系特征，为协调劳动关系积累资料。

第三，文献法。文献法是利用各种文献记录所隐藏的大量资料来进行

社会学研究的方法。工会主席可以通过查找文献，学习相关法律法规，了解劳动关系背后的成因，借鉴其他地区化解劳资矛盾的先进经验。

（二）提高协调能力

协调能力是指决策过程中的协调指挥才能。决策的领导者应该懂得一套科学的组织设计原则，应该熟悉并善于运用各种组织形式，还应该善于用权，能够指挥自如，控制有方，协调人力、物力、财力，以获得最佳效果。协调能力包括人际关系协调能力和工作协调能力两个方面。在劳动关系领域，主要是各方的冲突管理，其中的协调能力主要指冲突爆发后稳定双方情绪、协调双方利益的能力，将冲突合理化解，使问题得到有效解决。

主动疏导。即在明确双方当事人之间争议的事实和主张后，工会主席应当有针对性地对双方进行疏导工作，从纠纷发生的原因和纠纷发生的过程上进行分析和协调，耐心疏导。

分别协调。分别协调就是在争议发生后，对劳资双方当事人分别进行协调，通过单独协调的方式达到协调的目的。

冷却处理。在争议处理的实践过程中，很多当事人有着较为强烈的对抗情绪，无法冷静处理问题，不能客观陈述自己的观点和意见。此时争议的解决往往陷入较为困难的境地，协调工作无法展开。此时，双方需要一段合理的时间来冷静思考，只有当双方当事人冷静、明理，能够理性地思考问题并处理问题的时候，协调工作才能够继续向前推进。

（三）提高冲突管理能力

劳资冲突是指在工作场所发生的劳资双方意见不一致或争论的状态，发生冲突的原因可能来自资源的稀缺性、价值取向、世界观、对事实的争议等。劳资冲突并不代表暴乱、破坏、非理性，一定水平的劳资冲突能够使组织保持旺盛的生命力和不断创新。具体说来，工会主席应该具备以下几方面的冲突管理能力：

第一，重建信任。重新建立劳资双方的信任是化解冲突的基本前提。工作场所的任何冲突都有其发展过程，很多冲突都是由于双方的误解所致，要想化解冲突，就一定要逐步减少不信任，重新建立信任。通过劳资双方的坦诚沟通，建立共同遵守的游戏规则。

第二，促进交流。将劳资双方拉到同一张谈判桌上，是第一要点。一般说来，冲突必须由直接与冲突有关的双方亲自去解决。然而，在发生冲突的初期，劳资双方都不愿意与对方沟通，此时便需要工会主席将劳资双方拉到同一张谈判桌上。

第三，监督对话。在冲突的初期，劳资冲突双方很难真正地实现沟通，没有外力的帮助，他们在原有的片面观察问题的基础上极有可能在很短的时间内再度彼此误解，重新爆发冲突。所以在解决冲突的第一个阶段，工会主席有必要密切监督劳资双方的双向行为。

第四，袒露感情。若劳资双方不能坦白地说出主观的一些消极的感受(如失望、愤怒)，则不太可能解决冲突。工会主席需要帮助劳资双方互相袒露感情，使冲突回复到本来的根源上，即具体的需求和利益上去。

第五，正视过去。仅仅袒露感情还不够，工会主席需要帮助劳资双方，让他们去找到引起自己消极感受的具体情景或事情，以及具体原因。只有做到这一点，才能找到冲突产生的根源，以解决冲突。

第六，营造双赢。工会主席应该帮助劳资双方共同制定一个长远的解决办法，打造双赢局面。让劳资双方习惯于合作，严格遵守制定好的游戏规则，这才是化解冲突的关键步骤。

（四）掌握冲突管理的实用技巧

劳动关系的实质是劳资双方利益的冲突。因此，工会主席要提升劳动关系的协调能力，就要掌握冲突管理的技巧。

第一，扩大资源。冲突的产生往往是因为稀缺资源的分配，那么从根本入手，尝试解决这一问题是冲突管理很好的思维方式之一。双方如何各取所需，是否存在资源短缺，如何扩大关键性资源，要创造性地将原先冲突的资源扩大，产生更多的资源。

第二，问题排序。在冲突过程中，要逐渐明晰冲突双方的首要问题和次要问题分别是什么，分析双方关心的问题是否一致，一方的首要问题对于对方来说是否重要，能否将双方关心的问题统一进行处理，找出双方利益的共同点，进而化解问题和矛盾。

第三，相互理解。要知晓对方的目的和价值观是什么，如何在不损害自身利益的情况下尽量去满足对方的需求，进而创造和谐的劳动关系，促进问题的根本解决。

第四，减轻压力。要恰当分析自己的建议和目的会给对方造成何种风险和代价，从对方的角度来思考问题，尽量减低冲突可能产生的风险，减轻风险成本，实现双方共赢。

第五，目标升级。当劳资双方出现冲突以后，要尽量为双方找到一个高层次的共同目标，通过引导冲突双方共同去实现该目标，从而缓和和化解矛盾。一般情况下，该目标不经冲突双方的协作努力是不可能达到的。

第六，谈判。冲突双方选出谈判代表，制定目标底线与期望上限，争取通过谈判的方式来促成冲突双方的协商，促成矛盾的解决。当然，双方要明白天下没有全赢的谈判，退一步海阔天空。

第37种　应对突发事件的能力

一、突发事件，工会主席必须面对的问题

突发事件是指那些事先难以预料、突然急促发生且对社会造成重大影响的事件。突发事件的频繁发生，往往会给经济社会发展、人们的生产生活和工作带来严重影响。工会作为工人阶级的群众组织、党的重要群团组织，理所当然地要在预防、处理突发事件中发挥重要作用，最大限度地使职工群众的利益免受或少受侵害。

所谓应对突发事件的能力是指工会主席对那些事先难以预料、突然急促发生且对社会造成重大影响的事件，根据实际情况和客观条件变化，及时采取相应对策的本领。应对突发事件的能力实质上也就是工会主席面对突发性复杂情况的应变能力。这种能力的类型如以性质划分，包括应对政治性突发事件的能力、经济性突发事件的能力、社会性突发事件的能力，以及有些危害性突发事件的能力等。

工会主席面临的通常是社会性突发事件，包括：事故灾害，如工矿商贸等企业的各类安全事故、交通运输事故、公共设施和设备事故、环境污染和生态破坏事件等；社会安全事件，如恐怖袭击事件、经济安全事件和涉外突发事件等；群体事件，如群体上访事件、群众聚众闹事等；人为因素造成的公共卫生事件，如食品安全、职业危害、医疗事故等严重影响公众健康和生命安全的事件等。

知识链接

社会性突发事件的特征

社会性突发事件一般具有以下显著特征：一是非常规性，它显然威胁到了现存的秩序，包括政治秩序、社会秩序、经济秩序。二是突发性，它要求迅速作出反应和应对，因此给决策者留出选择的时间很少，要求其在很短的时间内作出判断、作出选择、作出应对的策略。三是不可预测性，它何时爆发、缘于什么、怎么发展、走势如何，这些情况都很难判断。四是关注性，各种媒体信息海量流通并造成信息阻塞，使得小道消息和谣言盛行。五是危害性，它不仅使组织受到损害，而且严重威胁到公众利益和社会安全。

工会主席处理突发事件应遵循以下原则：

一是第一时间原则。突发事件通常都具有突发性、震撼性的特征，来势凶猛，整个事件的过程发展变化迅速，有时甚至无章可循或无先例参考，而且由于信息不畅或不全面，其发展与后果往往带有不确定性，难以预料。鉴于其巨大的破坏性、危害性和负面影响，危机事件一旦发生，时间因素就显得最为关键，工会必须配合党政部门在事发现场采取一系列紧急处理手段，及时控制危机事态发展，而且越快越好。在社会突发性事件发生后，工会主席要尽可能地在第一时间到达第一现场，这会成为一个标志性的信号，不仅表达了工会应对危机的态度，甚至可以将负面新闻正面化，其象征性大于实效性。

二是以人为本原则。突发事件的预防管理要始终坚持以人为本，把保障职工群众的健康和生命财产安全作为首要任务，减少突发事件造成的人员伤亡和危害。人的生命权是人与生俱来的权利，对人的生命权的尊重，是人类社会的一条基本公理。坚持以人为本，就是要做好预警防范工作，尽量防止突发事件的发生，以保护职工群众的人身安全和财产安全。当突发事件发生后，要通过应急处理程序，最大限度地保护、挽救最大多数人的生命安全，哪怕这样做要付出较大的成本也在所不惜。

三是果断决策原则。在突发事件面前，工会主席不仅需要保持沉着镇静，不慌不乱，还要敢于决策、敢于拍板，决策要果断及时，不能拖泥带水，要敢于负责，敢于承担责任。这就需要经验、智慧、胆识和勇气。在紧急情况下，容不得太多的讨论和协商，否则就会贻误良机，不利于危机局势的控制。危机决策时需要坚持权力集中、结果优先、短期目标优先、强制执行、无等级协调和承担责任等原则。

四是依法管理原则。在紧急状态下，工会主席可以不经过常规的管理程序，采取一些非常措施，以应对突发性事件。尽管如此，也需要按照法律法规办事，不能超越法律的范围，任意地采取措施。依法管理原则，一是指预防和处置群体性突发事件，必须以法律和法规为依据，而不能单纯依靠行政命令或长官的个人意志；二是当权力机关对某一突发性事件所作出的处置决定与法律规定相抵触时，法律具有否定权力的力量；三是防止权力的滥用，使突发性事件的冲突升温、扩大而被敌对势力所利用。

五是统一协调原则。统一指挥是为了协调有序，协调有序是为了把个体的、分散的应对突发事件的人力、物力整合起来，从而发挥出整体的最大优势。如果没有协调就有可能出现自行其是的状况，不利于突发事件的处理。如何协调各部门和人员的力量，就显得十分重要。协调是有序行动的前提和保证，而有序行动并不意味着一起行动，而是按照各自的职责要求，有分有合，相互配合。

六是科技支持原则。目前，现代科学技术的发展，不仅为突发事件的应急处置提供了先进的理论支持，还提供了坚实的技术、装备等支撑。因此，突发事件的应急处置必须坚持科技支持原则，进一步加强科学研究和技术开发，采用先进的监测、预测、预警、预防和应急处置技术及设施，充分发挥专家队伍和专业人员的作用，提高应对突发公共事件的科技水平和指挥能力。工会主席必须树立领先科技的观念，多听取专家、智囊团的意见，充分发挥相关领域专家的作用，以科学的知识和专业技术为武器，从而最有效地预防突发事件，在最短的时间内将突发事件的危害降到最低限度。

二、提高工会主席应对突发事件的能力

（一）提高对突发事件的预测能力

预测是人们对客观事物发展趋势及自身活动可能产生的后果事先依据一定的方法作出的科学分析，预测能力就是这种科学分析能力。预测作为一种科学的预言，对于工会主席决策有着十分重要的意义。预测能力强，就能准确判断和把握事物发展的客观趋势，顺势作出有预见性、前瞻性的正确决策，促使事物朝着有利于自身需要的方向发展，反之则亦然。突发事件的特点是随机性强、难以预料，这就决定了工会主席应对突发事件的首要前提就是要加强预测。工会主席提高预测能力应着力于以下四个方面：

一要不断增强责任意识、大局意识和忧患意识。工会主席要以对党、对人民、对职工群众高度负责的态度，对可能出现的困难和危险，作好充分准备，居安思危，善于通过成绩发现问题，通过小事调整大局，力争把问题消灭在萌芽状态，防患于未然。

二要培训和提高战略思维能力，增强应变本领。科学的预测需要有战略思维的头脑。所谓战略思维就是要在深化对人类社会、自然界等领域规律性认识的基础上，从战略上思考问题，善于在普遍联系中把握事物发展的趋势，从事物的不断变化中掌握事物发展的内在规律，使自身工作具有前瞻性和预见性。培养和提高战略思维能力，增强应变本领，最重要的是掌握科学的世界观和方法论，积累多方面、多学科的知识，同时努力增强科学判断和分析复杂形势的能力。

三要依靠科学和依靠群众相结合。预测是科学的预测，离开科学的预测就只能是主观臆想。工会主席要提高对突发事件的预测能力，就必须依靠科学。除了有相关的理论指导外，还要有丰富、准确的信息来源，以及党政和社会各方力量所作出的综合分析与预测。科学的预测还需要依靠职工群众。职工群众生产、生活在基层和一线，掌握着大量准确的信息。工会主席只有牢固树立群众观念，深入实际，密切联系群众，才能及时、准

确地获取各种信息，注意及时发现突发事件的苗头，及早警觉和预防。

四要建立健全科学的预测机制。突发事件的预防，要靠制度和机制作保证。工会主席要结合工会工作实际，逐步建立健全突发事件报告制度、举报制度和信息公开制度等，要根据突发事件的严重程度，确定突发事件的“警戒级别”，并针对不同的“警戒级别”制订相应的应对突发事件的预案。

（二）提高对突发事件的处理能力

所谓突发事件的处理能力即是指对突发事件的控制、调处和解决的能力，它的核心是决策及其实施能力。处理能力是工会主席应对突发事件的最关键的能力，直接关系到突发事件能否被妥善处理。提高工会主席处理突发事件的能力应着力于四个方面：

一是提高抗风险意识和心理承受能力。突发事件初起时，往往来势汹汹，情事紧急，给人以威慑。对这突如其来的冲击，如果工会主席没有很强的抗风险意识和很强的心理承受能力，就会显得措手不及、惊慌失措。因此，工会主席在平时就应当注意对抗风险意识和心理承受能力的培养和提高，这包括树立坚定不移的理想信念，锻炼战胜困难的勇气和毅力，弘扬对党、对人民、对职工群众高度负责的精神等。这样在突发事件来临时，工会主席才可能做到思想上高度重视、心理上沉着冷静、行动上临危不惧、积极主动、从容不迫地加以应对。

二是要提高科学决策及实施能力。决策是作出决定的选择活动，它包括决策的研究制订和决策的实施两个过程。科学决策则是指领导者按照一定科学程序、依靠专家集体、运用现代科学思维方法和先进技术手段进行的决策活动。决策是处理突发事件的核心。科学决策的前提是正确判断形势。面对突发事件，工会主席应见微知著，审时度势，迅速、科学、正确地判断形势。要实事求是地分析和把握突发事件的实际状况、客观性质、发展趋势以及形成原因，准确地找出处理突发事件的焦点问题和关键环节，及时、果断地拿出切实可行的应对方案。为此，工会主席应采取专群结合的方式，及时、准确地获取各种信息，善于借用“外脑”，发挥各种研究、咨询机构的作用，坚持民主集中制原则，提高决策的科学化程度。在决策实施中，既要坚定不移地贯彻执行党和国家的方针政策，又要善于依照宪法和法律从事工会活动，维护职工合法权益，保持社会稳定；既要充分运用应对紧急状态的领导权力，又要注意相信群众、依靠群众、建立群防群控的坚固体系。

三是要提高及时控制和有效处理能力。突发事件具有时间紧迫、危害较大的特点，因此，在突发事件发生后，就必须及时控制和有效处理，工会具有联系职工群众和善做思想政治工作的优势，在控制和处理突发事件中，应充分发挥动员组织和协调作用，积极宣传职工群众、组织引导职工群众，并主动配合与协调社会各方力量共同应对突发事件。在具体操作上，工会主席一定要行动坚决、措施果断，严防事态扩大，力争将突发事件控制在始发阶段，消除在萌芽状态，赢得有效化解突发事件的主动权。要利用有效控制后赢得的有利时机，把握突发事件的不同性质与特点，综合运用各种手段和资源，创造性地解决好突发事件。提高及时控制和有效处理能力需加强对信息论、系统论和控制论等理论的学习，注意在处理突发事件的实践中，提高应对能力。

四是要靠制度建设来支持。目前国家正在建立和完善对突发事件的处理制度，工会主席一方面要充分依托这些制度，另一方面又必须结合工会工作实际制定各项符合自身特点的具体制度。工会主席不仅要积极参与到党和政府应对突发事件的机构中去，反映职工群众的愿望和要求，提出工会的应对主张，同时又要建立和完善工会自身应对突发事件的指挥决策机构和日常专门管理机构。有了这些制度作保证，当突发事件来临时，工会主席就可以充分发挥它们的作用，临危不乱，做到及时控制、有效处理。

（三）提高突发事件平息后的恢复能力

恢复能力即指及时消除突发事件的不利影响、恢复社会正常秩序、重启经济社会发展进程的重建能力。突发事件的发生总要对社会秩序和职工生产生活及工作造成极大冲击，有时破坏还相当严重。因此当突发事件平息后，当务之急就是要迅速消除影响、恢复正常社会秩序、重启经济社会发展进程，保证职工群众的生产、生活和工作。这既是党和政府的头等重要任务，也是工会的头等重要任务。而正是这一重要任务向工会主席提出了提高恢复能力的素质要求，为此应从以下三个方面进行努力：

一是提高救助能力。突发事件影响生产和工作，造成一些企业生产不景气、部分职工下岗、职工生活出现困难。工会主席在处理突发事件时，就应当多关注、关心这部分职工，一旦情况好转，便及时地给予救助，帮助他们再就业或给予经济上的补偿。为此，工会应建立突发事件应急救助机构和准备基金。

二是动员、组织职工恢复生产。发展是硬道理，是执政兴国的第一要务。突发事件背后往往都有深刻的经济和社会原因，因此，只有用发展的办法才能解决突发事件问题，才能弥补其造成的经济损失，才能消灭其发生的根源。在突发事件平息后，工会主席应充分发挥工会的优势，及时配合行政动员、组织职工尽快恢复生产，努力把突发事件造成的损失降到最低。

三是总结经验教训，探求突发事件的规律。突发事件的发生看似偶然，实则不然，偶然中有必然。许多突发事件都是经济、社会乃至自然界多种因素交互作用、共同影响的结果。突发事件的发生虽显偶然，但有其内在规律。因此，在突发事件处理完结后，绝不可高枕无忧、万事大吉，而是要认真总结经验教训，努力探求突发事件的内在规律，力求在把握规律的基础上，增强防范和应对能力，使突发事件发生的可能性降至最低。

（四）加强应对突发事件的素质训练

一是心理素质训练。应对突发事件必须有较强的心理素质，主要包括三个方面，即感知敏锐、思维灵活和决策果断。感知敏锐是适应环境的变化，及时采取相应对策的前提和条件。工会主席如果对客观环境变化反应迟钝甚至毫无察觉，也就不可能及时采取应变措施。工会主席的感知敏锐尤其要体现在对政治经济形势变化的敏锐，对党和国家路线方针政策、工作大局、工作部署的敏锐，对社会矛盾、社会风气变化的敏锐，对职工群众心理变化、愿望要求变化的敏锐等方面。感知是对客观事物的感性认识，是认识的初级阶段。思维是通过人脑的活动，通过概念、判断和推理，对客观事物进行分析、综合、比较、分类、抽象、概括，找出同类事物和特定事物的本质和事物之间规律性的联系。对工会主席来说，思维越灵活，就越能迅速地把握事物的本质及其规律，所采取的对策越符合事物的实际情况。思维灵活主要表现在思维广阔，即从多角度把握事物间的联系；思维严密，即逻辑缜密，结论正确，提出的方案、措施切实可行；思维敏捷，即善于发现和准确判断事物的本质。决策果断从心理学角度讲，是指一个领导者为了达到规定的目的，自觉地调节行动，千方百计地克服前进道路上的困难所表现出的个性意志品质。工会主席是领导者、负责人，必须在任何情况下都能处变不惊，沉着镇定，勇敢果断地处理问题，而不能优柔寡断，胆小怯懦。

二是能力素质训练。这主要是要善于把握应对突发事件的规律，掌握科学的应变方法。具体来说，一是把握应变对象，即把握好事物变化的主体和应变对象，把握好事物变化的程度和产生的后果，把握好事物变化的趋势。要通过把握上述变化，采取相应的措施，使突发事件的不利方面尽可能缩小，并向着有利于妥善解决的方向发展。二是要把握应变原则，即立场的坚定性、策略的灵活性和措施的及时性。三是要把握应变方法，即积极主动、如实宣传、超前行动、富有创意、注重成效、勇担责任、总结得失、重在预防。

第 38 种 社会活动能力

一、领导者的社会活动力

社会活动能力是领导能力构成的一个重要方面。工会主席是广大职工群众利益的代表者和维护者，是工会内外关系的协调者，需要具有很强的社会活动能力。开展正常的社会交往活动是工会主席工作的重要内容，如果没有或者失去包括人际交往在内的社会活动，工会主席也就不能保证顺利地开展和进行工会工作，更谈不上更好地代表和维护职工的合法权益，发挥工会组织的社会作用。

增强社会活动能力可以保证工会主席对信息的获取和输出。工会主席的信息输入、信息加工、信息储存、信息输出四个环节都不能脱离良好的社会活动能力。如果工会主席具有较强的社会活动能力，既可以激发工会组织的活力，塑造工会组织的形象，加强与社会各个方面的联系，也可以增强企事业单位的信誉。

工会主席通过认识环境、适应环境、驾驭环境、利用环境、改造环境的实践过程，达到对各种社会关系的调整和理顺。领导环境与个人的优化发展相互统一而产生合力，是工会主席具有社会活动能力的最佳效应。

社会活动能力是指工会主席在各种社会活动和社会交往中所表现出的观察能力、意志能力、表达能力、倾听与说服能力、谈判能力、执行政策能力、开拓能力、公关能力、协调能力、自我控制能力、应变能力、宣传能力、理顺和处理人际关系能力、服务能力等诸多能力的综合表现能力。

简单地说，社会活动能力就是工会主席以什么水平的智商、情商、心商来参与社会生活的本领。

工会主席社会活动能力受人际因素影响。工会主席的文化程度、体质、爱好、生活作风、性格以及社会关系和经济收入等因素都会影响社会活动能力的发挥。其中有四种主要因素的影响作用更大：一是相似性吸引因素。人们类似的价值体系和社会背景会使参与社会交往活动的吸引程度不同。工会主席个人的态度与别人的态度一致时，社会交往活动成功的系数就更大，因为态度和信念的一致不会让工会主席产生不适和紧张的情绪感受。二是接近性吸引因素。一般来讲，人们空间距离的接近，可以节约时间和精力，使参与社会交往活动的几方都不会感到有负担。空间接近可以使人发出适宜的反应，能够促进参与社会活动主体的相互关系。三是报偿性吸引因素。参与社会活动和交往，是为了满足一定的目的和需要。人们预期的物质追求和精神上的期望，在社会交往中得到别人的赞成、同情、安慰、鼓励以及怀念，或是对别人有所期待和愿望，所有这些都可以使工会主席在社会交往活动中发挥自己的能力，为集体和组织争得荣誉。四是仪表吸引因素。尤其是对初次交往的活动对象进行公关或是谈判时，工会主席的面貌、服饰、风度是很重要的。人们可以互相根据外貌的特征形成极为肯定或否定的印象。

在社会交往过程中，在不同程度上发生作用的同时，这些因素也会受到主观认识的影响，包括个人的自我认识和自我表象。虽然个人的认识未必准确，但个人在主观上却往往认为自己是正确的，这就使社会交往活动变得复杂，使参与社会活动的能力受到限制。

工会主席社会活动能力的主要特征有以下四个方面：一是科学性，这是指要尊重社会活动能力本身的规律性；二是灵活性，一成不变的模式不是马克思主义的社会交往观；三是创造性，参与社会活动是为了创造，而创造的根本是发展；四是综合性，观察、分析、推理、判断、反应，是对工会主席知识、经验、领导才能的综合运用。

工会主席社会活动能力的主要作用有以下几方面：一是在参与社会活

动的过程中，能够整合资源，产生合力；二是在对外的社会交往过程中，通过宣传和交流，形成互补；三是在社会生活中保持良好的人际关系，可以联系感情，愉悦精神，保持身心健康；四是在交流信息的过程中，能够改进工作，并在主动的位置上求得更大更快的发展。

二、工会主席如何提高社会活动能力

（一）要掌握好社会交往的原则

一是社会交换。在这里不能把交换作狭隘的理解。人与人的关系是相互的，彼此都既有所“施”也有所“受”。社会交换是指在社会活动和交往过程中进行感情上或理智上的交流。在需要爱、友情、尊重的问题上大家是一致的，要使交往双方都有机会满足自己的要求。

二是心理相容。社会活动中个人之间的融洽相处关系意味着交往双方对交往关系的满意程度，不相容意味着情绪冷淡或产生有形无形的冲突。心理相容就是在社会交往过程中既要注意接近、保持频率，更重要的是保证个性的包涵与相容。

三是因人制宜。社会活动的性质基本决定了社会交往的性质和相互关系的性质，社会交往的层次决定了所形成的关系各不相同。所以，工会主席参与社会活动的能力，就是依照彼此之间因人制宜的关系行事的能力。

四是相互沟通。语言、微笑、倾听、面部表情、身体姿态、态势语言等都是表现良好社会活动能力的重要方面。社会交往过程微妙复杂，沟通也受自身态度、判断的影响，工会主席必须在考虑普遍的道德适用范围内寻求符合社会规范的行为方式。

（二）要把握社交的角色和风度

社会活动能力在很大程度上是展现工会主席作为领导者的社会交往风度。风度，既指工会主席的外表，又指工会主席内在的品格和气质；既体现工会主席的学识水平、社交能力、工作作风和品德修养，又展示着工会主席的宽阔胸怀和战略意识。工会主席还要具有社会活动家的风度，既要有政治家那样的谋略去处理在广泛的社会活动过程中发生的事情，又要有企业家那样的管理知识和专业知识，不因在社会活动过程中发生同自己制定的目标和措施不相一致的事情时而惊慌失措。

现代社会，每人每天都在扮演着不同的角色，工会主席怎样在广泛的社会活动中发挥好能力，扮演好社会活动家的角色，也是有规律可循的：

一是开朗乐观，生气勃勃。这是工会主席在进行社会活动时必须具备的心理条件。快乐、豁达、幽默、富有朝气，具有感染力和吸引力；不急不躁、落落大方、不做作，富于表达，成熟稳重。

二是理解宽容，待人诚恳。工会主席要学习和利用公关理论，学会公关方法。在参与社会活动时，要面对现实，头脑冷静，用事实和道理去说服人；诚恳倾听，学会委婉和暗示，这样就可以为自己的交往活动保留一定的弹性。

三是是非分明，尊重他人。工会主席在参与社会活动时，要发扬良好的道德风尚，要有是非分明的立场，原则性和灵活性相统一。在待人接物上，要充分尊重他人的权利、兴趣和生活方式，方可赢得别人的尊重。

（三）要广交朋友，拓宽社会活动途径

解放思想，转换观念，广泛参加社会活动，多交朋友，利用一切可以利用的正当机会，不失时机地宣传本组织、本单位、本地区的优势和特点，宣传广大干部职工为社会主义市场经济所作的贡献，是工会主席做好本职工作、提升自己社会活动能力的重要手段和形式。当然，工会主席在选择社会活动形式的过程中，也必须注意可行性、主动性、经济性、实效性、灵活性和可操作性。

在社会交往活动中，工会主席应学会广交朋友之道，搞好各个方面的人际关系，以赢得广泛的社会支持和帮助。要广交朋友，就要学会结交朋友之道：一是真诚。坦率而诚恳，以诚为首，相互信任。二是热情。待人要热情、信赖、尊重，理性认识是从感性认识升华的。三是友好。友好体现在社会活动及社会交往的各个环节，是建立和保持广泛而和谐的人际关系和社会联系的基石。四是互助。互相勉励和寻求利益上的一致是事业发展互助的催化剂，这样才能求得共存。

第39种 媒体沟通能力

一、培养工会主席的媒介素养

媒介素养是指一个人对媒体的认知能力以及对媒体信息进行解读、批判和运用的综合素质和能力。在信息网络社会，媒体在现代治理中的作用越来越重要，提升媒介素养已经成为各级工会主席提升领导力的重要着力点。工会主席的媒介素养主要有三个方面的内涵：一是要树立正确的媒介观，了解媒体的性质、功能和特点。二是要提高同媒体打交道的能力，善于运用媒体引导舆论，化解危机。三是要加强媒体关系管理，寓管理于服务之中，营造良好的媒体环境。

（一）树立正确的媒介观

工会主席树立正确的媒介观，要认识到媒介既是进行舆论引导和媒体沟通的重要载体，也是做好工会领导工作的必备工具。

一要了解媒体的性质和功能，善待媒体。人们对社会现实的认知和态度在某种程度上是由媒体构建的。在这样的“媒介化社会”中，工会主席一定要正确认识媒体的社会功能，不能把媒体和记者视为对手，而是要以开放的心态善待媒体，将媒体作为密切工会与职工群众关系的重要纽带，支持记者对事实真相的探询和质疑，保护记者的知情、采访和人身安全等各项权利，并进一步寻求合作、谋求共赢。

二要把握媒体特点和传播规律，善用媒体。当前，媒体数量越来越庞大，不同的标准可以有不同的分类。不同的媒体具有不同的特点，其信息诉求也大不相同。日报、周报和杂志，其采访要求大相径庭，党报和社会生活类报纸的关注点也存在明显差异。此外，随着互联网的发展，微博、微信等新媒体，突破了传统媒体的“把关人”的作用，实现了裂变式传播，形成了开放的公共话语空间，既激发了人们前所未有的表达意识，有时也难免成为大量虚假信息和谣言的温床。时至今日，过去的“自上而下”的管控方式已远远不能适应新媒体的发展形势。因此，只有充分了解各种媒体的不同特点，努力把握相应的传播规律，才能更加有效地运用媒体，服务工会工作。

三要正确面对舆论监督，习惯与媒体“共舞”。今天，无论是媒体的监督意识，还是职工群众的权利意识都在不断增长，形形色色的“网络官”，正是传统媒体和网民合力行使监督权力的结果。因此，各级工会主席要有主动接受监督的意识和心理准备，通过舆论监督及时发现问题和不足，深入了解职工群众，增强领导工作的前瞻性和预见性。要正确面对和坦然接受舆论监督，适应在“聚光灯”“显微镜”和“放大镜”下工作和生活。工会主席对于媒体的质疑和批评要保持理性克制，避免恶意推测，避免恶意攻击；对于不实报道，要尽量摆事实、讲道理，正面纠正错误；对于不慎说错话和办错事的行为，要真诚道歉、承认错误，并勇于承担责任。

（二）提高与媒体打交道的能力

各级工会主席一定要提高同媒体打交道的能力，借助和运用媒体，提高工作能力。

一要明确宣传的目的。首先，要熟知自身的基本情况，明确宣传重点。要清楚地知道：哪一阶段有问题；哪一场合有记者；哪些事件有反应；哪些项目有麻烦；哪些政策要解释；哪些群体要疏导。其次，要清楚当前的宣传目的。是宣传新政策，还是塑造新形象？是表明态度，还是宣传成效？再次，要把握宣传工作的节点。在最佳的宣传时机，以最适合的宣传手段开展宣传。最后，要提前准备宣传方案。要准备好宣传的步骤、方式方法和具体内容，做到有备无患、胸有成竹。

二要借媒体之力做好正面宣传。首先，建立和完善新闻发言人制度，通过定期的新闻发布，主动发布信息、设置议题，使媒体自觉地围绕政府部门所发布的议题来进行报道。其次，充分运用工会网站和微博、微信，及时公开工会要闻和动态，保持与职工群众的沟通与互动。再次，顺应新闻规律，运用传播技巧，有目的地策划新闻事件，在关键时刻、重大问题上牢牢把握话语权。最后，根据工作需要来决定与媒体沟通的方式。是主动给记者发传真，还是开新闻发布会或媒体见面会接受采访？信息是提供给一家媒体、几家媒体，还是全体普发？是先说后做，或是先做再说，还是边做边说？这些都应根据工作需要灵活掌握。

三要做好突发事件舆论引导。事实表明，谁掌控了舆论主导权，谁就能化险为夷，最大限度地减轻危机造成的负面影响，甚至还能化危为机，变坏事为好事。在社交化和移动化的全媒体时代，一旦发生突发事件，迟说不如早说，被动说不如主动说。因此，首先，要制定突发事件舆论引导应急预案，明确突发事件舆论引导的权责和流程等。其次，要在突发事件发生后，主动引导舆论，及时公开信息，做突发事件新闻的“第一定义者”。再次，要建立部门之间的信息联动和沟通机制，确保工会信息的权威性和准确性。最后，要为媒体采访报道提供必要的方便条件。

四要善于接受媒体采访。工会主席要克服不愿意面对媒体的畏难心理，善于通过接受采访来传递信息，表明工会的立场和态度。在接受媒体采访时，要能驾驭局面，引导记者而不是让记者牵着鼻子走。要学会表态，展示高效、务实和负责任的工会形象。同时还要善用技巧，通过讲故事、摆事实、列数据来表达观点、说明问题、塑造形象。

（三）加强媒体关系管理

对工会主席来说，媒体既不是敌人，也不是朋友，而是合作伙伴。媒体关系管理是指通过建立与媒体之间的互利互惠关系，实现与媒体的有效沟通与合作共赢。为了提高工会工作水平，各级工会主席在加强媒体关系管理时应该注意把握以下要点：

一要树立共赢意识。对待媒体记者既不能一味地去讨好，刻意去套近乎、拉关系；也不能避而远之、不理不睬、无可奉告。既不能高高在上、指手画脚，更不要另眼看待、视为另类。要在平等的基础上，与媒体记者交往、交流、交友，彼此支持，相互合作，实现共赢。

二要建立和保持与媒体的经常性联系。首先，要以资深记者和跑口记者为重点建立媒体关系网。其次，要经常邀请参加活动或安排非正式的聚会以保持联系。再次，要保持经常性沟通，第一时间通报相关信息。最后，要跟踪关注媒体报道，并及时回馈相关信息，探讨相关报道。

三要为记者提供信息服务。从新闻生产的角度说，记者需要信息，工会应该主动通过提供新闻线索、组织新闻发布、组织记者现场采访等方式为记者提供新闻信息，以满足他们的发稿需要。

四要寓管理于服务之中，做好媒体采访报道的管理工作。为媒体采访报道提供必要的方便条件，无疑是建立良好的媒体关系的重要手段。但需要注意的是，必要的方便条件并不是吃好住好，而是及时提供媒体所需要的信息。更重要的是要做到提供服务不能忘记管理、不能忘记引导，要有意识地把管理和领导寓于服务之中，在善待媒体的同时做到善管媒体。

二、工会主席全媒体沟通力的提升

今天，电视、报纸、广播、杂志、新闻网站、政府网站、微博、微信等各种媒体组成了上下互动、内外互动、虚拟世界与现实世界互动的错综复杂的全媒体格局。各级工会主席必须下功夫建设好、运用好、管理好全媒体，提升全媒体沟通力。

（一）强化全媒体话语权意识

在信息社会中，信息成为重要的权力资源，话语权成为领导权的重要组成部分。因此，各级工会主席一定要强化全媒体话语权意识，在全面深化改革的进程中牢牢把握话语权，为改革发展赢得深厚的群众基础和社会认同。为此，必须切实做好以下三个方面的工作。

一是坚持正确的政治方向。各级工会主席要发挥新闻宣传的看家本领，在事关大是大非和政治原则问题上，增强主动性、掌握主动权、打好主动仗，帮助职工群众划清是非界限、澄清模糊认识。要坚持党性和群众性相统一，唱响主旋律，传播正能量。要开展舆论斗争，对恶意攻击、造谣生事等错误言论敢于回击，绝不能盲目地、不加区分地去迎合西方的价值理念。

知识链接

工会走进“互联网+”时代

全国总工会改革试点方案提出，要打造全国工会系统服务职工网络载体，推动网上网下互动融合，使职工得到工会更方便、更有效的服务。为此，全总正加紧制订和实施工会“互联网+”行动计划，打造网上网下相互促进、有机融合的工会工作新格局。

在互联网新理念、新模式、新技术与经济社会各领域深度融合的当下，及时推动实施“互联网+”行动计划，体现了工会强烈的改革意识和创新精神。主动适应信息化和新媒体广泛应用的新趋势，运用“互联网+”思维创新工会维权服务工作，是破解工会组织管理模式陈旧、运行机制僵化、活动方式单一的有力途径，做好“互联网+”，对于提高工会组织在职工中的吸引力、凝聚力，进而增强工会活力，推动工会创新发展都具有十分重要的现实意义。

“互联网+”是一股潮流，各行各业都在拥抱“互联网+”，这股变革在经济领域、社会领域都有不同的表现，碰撞出多彩的火花。工会“互联网+”不能仅仅是喊出一句口号、表达一种姿态，更多的是要找准互联网和工会工作的结合点，形成全新的、以互联网为基础的工会工作形态。

“互联网+”不是“+互联网”，即不是简单地把工会的工作直接从办公室、服务站搬上网络。这样的认识对于真正拥抱互联网，还远远不够，而是要真正应用在工会领域，给工会工作加上信息化的翅膀，全面提升工作效能，至少应该包含几个关键词：信息透明、提升效率、优化服务。

二是做好全媒体群众工作。首先，要坚持走网络群众路线，充分尊重网民的知情权、参与权、表达权和监督权。围绕涉及职工利益的重大事项，主动引导公众参与讨论。要体会网民用意，学会网言网语，与网民进行心灵的沟通，有效引导网民回归事实、回归理性、回归法治轨道。其次，要建立网络统一战线。善于进行网络协商，寻求和实现共同利益。要因势利导，引导“意见领袖”谨慎地用好“拇指话语权”，以法治、善治和专业精神为原则，共同建设网络公共领域。

（二）创新全媒体沟通方式

工会主席要切实树立“网络就是机遇”的新观念，创新全媒体沟通方式，提升全媒体沟通能力。为此，必须做好以下四方面的工作：

一是推动信息公开。要建立阳光工会，让政策透明、权力透明，让职工群众看得到、听得懂、能监督。要完善新闻发言人制度，把工会信息及时准确地传达给职工群众，表明态度和立场。对重要舆情和社会热点问题，要积极回应、答疑解惑。

二是加强网络民主决策。善于通过“网上议事厅”“网络问计”等形式，进行网络民主决策。首先，要重视“策”，通过网络平台，确定公共议题，让网民畅所欲言。其次，要重视“选”，从网民意见建议中选出合适的建议。再次，要重视“合”，和网民合作协商，制定正确的公共政策。最后，要重视“传”，通过网络传播，让政策深入职工群众之中。

三是做好网络舆论引导。要切实把握舆论引导的时机。舆情事件发生后，一定要第一时间进行快速而有效的回应，但舆论引导并不总是“抢”的问题，也有“缓”的学问。有些热点问题的事实并没有完全呈现，各方还有较大争议，就需要适当缓一缓、看一看，不能盲目作判断、匆忙下结论。同时，还要切实把握媒体沟通的火候。舆论引导贵在掌握火候、拿捏分寸，讲究适时适度。有选择性地淡化问题和强化问题，不要轻易把点上的问题说成面上的问题，把人的问题说成体制机制的问题，等等。

（三）提升网络危机应对能力

工会主席一定要树立“网络蕴含风险”的危机意识，善于运用全媒体，凝聚各方力量，化解网络危机。为此，必须把握以下三方面的工作重点：

一是及时启动应急预案，掌握应对危机主动权。一旦发现舆情信息，工会主席必须以最快的速度作出反应，正确分析研判舆情，迅速启动应急预案，早发现、早预警、早处置。要在第一时间发布权威信息，第一时间表明立场态度，占领信息制高点，先声夺人，消除网民困惑。随后，通过主流报纸、广播、电视深入报道事件发生的背景、原因等，告知公众事件的详细过程、调查进展。

二是快速展开真相调查，高度重视回应民意。发布信息时一定要反复核实信息源，确保能够经得住网民“挑刺”。千万不要因微小的误报、漏报加重网民的质疑甚至误解，影响工会的公信力，引发“次生危机”。要动态发布，随着事件调查的进展不断跟进式发布即时信息，既满足公众知情需要，又有利于事件的解决。要根据舆情的内容、性质、影响和关注程度等因素，合理确定动态发布周期。

三是全力化解网络危机，赢得舆论主导权。应对网络危机，要善于变被动为主动，准确把握舆论引导的方向和重点，针对网民的质疑，主动答疑解惑。工会主席要学会换位思考，考虑相关主体的立场、感情和需要，满足网民的合理要求，追查有关部门当事人的责任，调整和完善相关政策、法律和制度，在此基础上把握网络危机舆论发展的方向，从而转危为机，赢得主动权。

第40种 理财能力

一、当好工会的家

理财就是指工会组织及其领导者为了实现其工作计划，建立工会经费（包括各种其他收入）的开支办法以及预算、决算制度和会计制度，加强资金和财产管理，进行财务分析和监督的各项职能活动。简言之，理财就是要建立健全工会财务制度，收好、管好、用好工会经费。理财是工会主席领导工作的重要内容之一。理财的核心是做好工会财务工作，为工会活动提供经费方面的物质保障。理财工作做得好坏，直接关系到工会职能的发挥、工会工作的开展以及工会与职工群众的关系。

工会主席的理财能力即是指工会主席做好理财工作的能力。这一能力的发挥具有如下特点：

一是依靠职工群众。即工会的理财工作要坚持群众观点和群众路线，充分发扬民主，在制订财务收支计划时，多听取群众意见，取得群众的信任与监督；同时本着对群众负责的精神，为群众当好家、理好财、办好事。

二是正确把握政策。工会所有的制度与规章都要与党和国家的大政方针保持高度一致，具体到理财工作，就是要坚持正确处理同国家与企事业行政的经济关系，既要代表本单位职工的利益，又要服从全局的利益需要。对于工会围绕企事业中心工作、旨在激发职工生产积极性而组织的各项活动，企事业行政应在条件和政策许可范围内，适当给予经济上的支持。

三是运用专门的技术知识和技巧。财务管理是一门专业学科，工会主席理财工作的任务是运用一般的财务原理来进行工会的经费管理，因而具有较强的专业性，需要具备高超而熟练的专业技术水平。所以工会主席理财能力是蕴含着较高财务管理知识和财务工作技巧的理财本领。

工会主席理财能力的作用主要体现在以下方面：

第一，它是做好工会财务工作的必要保障。工会财务工作具有很强的专业性，需要有较强的专业知识和专业能力及很强的责任心才能做好。工会主席通过充分发挥自身的理财能力，根据工会建设和活动计划的需要，组织编制预算并按照预算积极组织收入，合理安排支出，妥善管理好工会的资金和财产，正确分析与核算工会资金的变化情况，正确处理好各方面的经济关系，以此来保证工会建设和工会工作的顺利进行，满足职工群众的合理要求。

第二，它可以通过组织好工会财务工作来保证实施有效的财务监督。对于工会组织合理、必要的资金要求，工会财务要尽可能地给予满足。而对那些不合理的资金来源和资金要求，对工会资金和财产的使用与管理情况以及工会活动的经济效果，工会财务要承担起监督的责任。当然，工会财务监督不是简单、消极的限制和防范，而是积极地促进和帮助各级工会组织对经济活动和财务收支情况进行经常性的分析，及时发现问题，并提出合乎实际的、富有建设性的改进意见。

第三，它可以通过理财，用物质手段多为职工办实事，密切工会同职工群众的联系。工会主席理财、组织好工会财务工作，就是要当好职工群众的“管家”，其职责就是为职工群众当家理财，多办实事。所以工会主席理财必须坚持群众观点，走群众路线。也就是说，要及时了解群众的呼声和实际需求，满足群众的合理需要；同时积极向职工宣传党的方针政策和与财务工作有关的法律法规，实行财务公开制度，及时公布账目，并鼓励职工群众与各种形式的贪污浪费和违反财经纪律的行为进行坚决的斗争。

工会主席提升理财能力具有重要意义。近年来，各级工会组织在工会经费的使用上始终坚持为职工服务、为发展工会工运事业服务的方向，同时在搞好服务的前提下，努力提高自身的经济效益，配合改革进程，兴办了一些实业，增强了工会经费的自给能力，但问题还是客观存在的，如一些工会的基本建设挤占了工会经费，造成工会资金紧张；有些单位的行政费用增长过快，铺张浪费严重；有些工会的财务管理比较薄弱，管理人才欠缺，管理制度还有待于完善等。这就对工会主席的财务管理能力和水平提出了更高的要求，所以，工会主席在抓好日常财务管理的同时，应重视并加强自身理财能力的训练。

具体来说，工会主席提升理财能力的意义体现在如下方面：

第一，它是由工会财务工作的重要性决定的。工会财务所涉及的都是与工会所组织的各项活动密切相关的物质基础和资金保障。工会财务工作虽然是由专门的财会人员做的，但作为工会主席必须要行使督导之责。如果工会主席对此漠不关心，不甚了了，就很难为群众说话办事，也无法兑现自己的诺言。

第二，它是工会主席安排和协调好工会工作的需要。工会主席负责工会全面工作，为此必须对工会各项工作所需的财政结构和收支情况有所了解，做到心中有数，并运用高超的理财能力，据此对工作作出安排，力求少花钱、多办事，把有限的财力用在刀刃上，协调好各方面的关系。

第三，它是实施好工会财务监督的需要。由于工会财政收支状况直接影响到工会兴办的各项事业和活动能否顺利进行。因此，工会主席必须经常对工会财务工作进行监督。为此，工会主席除了要掌握财务工作的一般原则和财务纪律外，还要了解和掌握一些基本的财务知识，以增强自身的理财素质和能力。

第四，它是保证工会财政收入稳定增长的需要。工会事业的发展和各项活动的开展，都需要一定的财政支持。具有较强理财能力的工会主席可以多方争取和筹集资金，为工会活动和职工群众的合理需求提供充裕的物质保证。

二、工会主席的理财之道

首先，要学习掌握好财务知识。工会主席理财是一项经济管理活动，必须学习掌握一些相关的经济学知识、财税知识、金融知识、财务会计知识及法律知识等，而且还要根据时代发展的需要不断更新已经掌握的财务知识，如当前工会主席急需掌握的全新财务知识有：如何评价业绩、如何有效实施财务内部控制、如何有效实施全面预算管理、如何利用信息技术加强财务管理、如何做好经费的协调控制等。除学习掌握好财务知识外，工会主席还要善于学习借鉴先进的理财经验。工会主席应勤于运用自身掌握的基本理财知识，在工作中有意识地研究应用理财之道，在工会理财实践中，学习别人的先进经验，为我所用。

其次，选择恰当的理财方法。工会主席要综合运用财务预测、财务决策、财务预算、财务控制、财务分析等理财方法，在有序的理财过程中实现既定的财务目标，完成工会经费的收、管、用活动。提高财务预测的质量，通过定量分析获得尽可能准确的预测结果。在此基础上，从各种实施方案中优中选优，制订全面、科学的财务计划。配套相应的落实措施，通过财务控制，加强对财务活动的约束、指导和干预。强化财务分析，真正弄清楚理财工作中迫切需要解决的问题，以便提出改进措施，加强对策研究，提高经济效益。当然，工会主席要实施这些理财方法的时候，必须依赖于一支高素质、强能力的工会财务队伍。此外，工会主席还要加强财务管理，通过财务制度建设规范财务行为，调整经济利益，协调各种财务关系，促使各项财务活动高效、有序地开展。实践证明，搞好工会内部财务制度建设，使工会各项财务活动有“法”可依，有“法”必依，是避免工会财务混乱、确保工会财务运行良性循环的主要途径。工会主席要抓好工会内部财务制度的制定和完善，同时采取强有力的措施促使这些制度得到贯彻执行。

再次，勤于工会财务管理的实践。工会主席抓工会财务管理，督导工会财务工作，主要是促其收好、管好、用好工会经费，发扬财务民主，讲究资金的使用效果。收好工会经费，这是工会财务工作的基本任务。工会主席和工会组织都要教育会员自觉、按时地交纳会费，按月督促、检查行政及时、定额地拨交工会经费；根据收费标准和政策，抓好事业活动的各项收入以及行政和政府的补助收入等。管好工会经费，就是根据上级规定的财务管理体制、经费分成办法、预算管理、民主管理、财产管理、开支标准和办法及会计制度等，结合实际情况进行管理。应做到制度健全、手续完善、账目完整、账实相符、报表及时。用好工会经费，就是工会经费的使用应根据勤俭节约、量入为出、发扬民主、统筹安排的原则和“用得适当、不准浪费、群众满意”的要求，压缩行政费、扩大事业活动费，把有限的工会经费尽量用到直接为职工群众服务的事业上去。工会主席在督导工会财务做好上述工作中，应认真负责，通过对工会财务工作的深入了解，努力把握其规律，不断增强自身的理财能力和管理能力。

最后，掌握和提高理财艺术。一是要善用公关手段，实行目标管理，把各项应收经费筹集到位。工会主席要经常与有关部门进行沟通，及时宣传党和政府有关工会问题的方针政策，争取得到有关部门的支持和配合，保证各项经费按时划拨到位。二是要调整支出结构，做到以人为本，扶助职工群众脱贫致富。由于各种原因，在企事业单位里还有一些困难职工，需要工会在物质上给予必要的适当帮助。三是要积极兴办经济实业，壮大经济实力，增强工会的凝聚力。尽管工会经费有法律保障，但毕竟数量有限。要增强工会为职工群众办事的能力，还必须遵循“服务—创收—更好地服务”的原则，兴办好一些企事业，通过提供一些服务项目，收取一定的费用，积累资金，更好地为工会和职工群众服务。在兴办和管理工会企事业时，工会主席要遵循市场经济规律，科学制定企事业发展战略。

后　记

全面从严治党是中国共产党自我净化、自我完善、自我革新、自我提高的重要战略举措。全面从严治党就要不断加强党员干部的能力建设。工会作为党的重要群团组织，如何贯彻落实这一重要精神，进一步加强“党建带工建、工建服务党建”工作，成为摆在各级工会组织面前的一个新的重大课题。

面临新形势下工会工作的新情况、新问题，广大工会干部应以党员干部的高标准严格要求自己，不断加强自身的能力建设，以更好地服务职工群众。因此，我们编写了这套《新形势下工会干部能力与素质提升丛书》，旨在为广大工会干部尤其是工会领导干部提升驾驭工会工作的能力提供帮助。全书共分三册，紧扣提高工会干部能力与素质这一主题，分别对工会主席应当掌握的领导艺术、应当具备的能力和工会干部应当掌握的工作方法，做了全面、系统的介绍和阐述。本套丛书既着眼时代要求，又从工会实际出发；既注意理论分析，又注重对实践经验的总结概括；既着力阐述一般方法，又精于介绍实际操作。相信广大工会干部，特别是工会主席阅读后，会有开卷有益之感。

本套丛书由河北劳动关系职业学院闫晓燕担任主编，参与写作的还有张静、周英锐、董亚静、戴文宪、张亚勇、张红锋、陈迁达、王玉、刘莎莎。由于客观事物是不断向前发展的，新事物、新问题、新方法、新创造总会不断涌现，加之我们自身水平有限，虽尽了很大努力，但仍难免出现缺憾。因此，敬请工会主席、工会干部及各界读者能提出宝贵意见，以利我们改进。本套丛书在编撰过程中参考了有关的书籍、资料，谨向相关编著者表示由衷的感谢并致敬意。

编者

2016 年 4 月